De la joie de vivre par temps hostiles

Du même auteur

Le Cynisme comme remède au chagrin d'amour, l'Éditeur, 2015
La Vie des hommes, l'Éditeur, 2013
L'Agonie des grands mâles blancs sous la clarté des halogènes, l'Éditeur, 2012
La Vie des jeunes filles, l'Éditeur, 2011
Petit traité des vertus réactionnaires, l'Éditeur, 2010
De la prolifération des homoncules sur le devenir de l'espèce, L'Esprit des péninsules, 2008
Éloge de la graisse, Jean-Claude Gawsewitch, 2006
Des ravages du manque de sincérité dans les relations humaines, L'Esprit des péninsules, 2006
De l'excès d'efficacité des systèmes paranoïaques, L'Esprit des péninsules, 2005
La Littérature à vif, L'Esprit des péninsules, 2004
Le Monologue implacable, Ramsay, 2003
Mon réveillon avec le dernier des chiens, Ramsay, 2001

Olivier Bardolle

De la joie de vivre par temps hostiles

essai

l'Éditeur

l'Éditeur. 24, place du Général-Catroux.
75017 Paris.
www.lediteur.com

À Pauline Lacroix-Blanchard

« When I was seventeen
it was a very good year. »

Frank Sinatra

« Le pessimisme dévore tellement l'intelligence
qu'il ne reste plus que du pessimisme,
et plus du tout d'intelligence. »

Philippe Muray, *Ultima necat,*
Journal intime, t. 2, p. 65

Le 16 janvier 2008, je rencontrai rue Bonaparte à Paris, une jeune femme exceptionnelle. À l'arrêt du bus, elle était là, toute claire, toute fraîche, toute blonde, on aurait dit un oiseau de paradis au milieu des corneilles. Nous nous sommes plu immédiatement, *at first sight*, comme disait le grand Will. Elle était jeune, gaie et enthousiaste, j'étais mûr, pessimiste et incroyant. Nous étions faits pour nous entendre tant l'altérité, et le choc des contraires, constituent les éléments essentiels de la rencontre amoureuse. Elle me réveillait, m'égayait, me revigorait, je l'initiais, la formais, la façonnais. Les cinq premières années entre nous furent joyeuses, et cela même si mon pessimisme increvable laissait des traces sombres dans sa conscience, qui de ce fait s'élevait.

Et puis elle en sut trop. Ma lucidité, mon goût morbide du négatif, mon ironie cynique, ma vision décapante eurent petit à petit raison de sa joie de vivre. Je lui étais devenu toxique malgré moi, trop corrosif. La charmante, la joyeuse, celle qui était trop gaie, se fit plus calme, j'aurais dû me méfier de ce calme, elle devint sceptique elle aussi, ou pour le moins dubitative. Fort heureusement pour elle, la compagnie des étudiants de son université la préservait de ma déprime. Cette compagnie toute naturelle de jeunes gens de son âge fut pour elle une grâce de l'existence, elle agit tel un tonique, elle recouvra son énergie joyeuse, mais malgré l'amour qu'elle ne cessait de me porter, elle réalisa que nos routes devaient se séparer. Elle n'avait plus envie de faire avec moi, tous les soirs, l'inventaire des catastrophes et autres désastres de la veille. Elle prit du champ. Elle fit la fête plus souvent, me laissant seul avec le chat, à maugréer sur l'évolution du monde humain qui ne me plaisait pas. Elle fit du parachutisme et prit l'habitude d'aller s'envoyer en l'air aux quatre coins du pays.

Elle me bluffa par ses prouesses que j'étais bien incapable de réaliser, ce qui acheva de nous séparer. Elle était toujours en l'air, et moi je restais désespérément terre à terre. À tel point que dans un élan autodestructeur je lui mis le livre de Romain Gary, *Au-delà de cette limite votre ticket n'est plus valable*, entre les mains, alors que j'aurais dû le lui arracher et faire en sorte qu'elle ne tombe jamais sur ce texte fatal.

En somme, je fis tout le contraire de ce qu'il aurait fallu faire pour la garder, un peu comme si je testais sa résolution amoureuse. Pourtant elle résista vaillamment, elle m'aima comme personne ne m'avait aimé auparavant. Mais l'amour ne triomphe pas de tout, l'écart de l'âge, elle au printemps moi en hiver, et l'écart d'humeur eurent raison de nous. Nous nous séparâmes en larmes, car on ne s'imaginait pas vivre l'un sans l'autre. Nos huit années d'intense complicité, nos âmes n'ayant pas d'âge et s'étant reconnues comme sœurs jumelles, nous firent vivre la rupture comme une déchirure. Mais aussi comme une renaissance. Nous allions nous aimer autrement, garder la *philia* et se passer d'*éros* et *agapé*. Nous allions devenir « amis pour la vie », et en somme inséparables de cœur même si les corps allaient devoir mener ailleurs et avec d'autres leur propre vie de corps désirants et autonomes.

Car en fait jamais, malgré ma noirceur, je ne fus une force d'occupation. Toujours je n'eus de cesse d'agir dans l'idée de la plus grande émancipation possible, pour moi, pour elle, pour nous. La liberté implique pour exister qu'on l'exerce. Elle a son prix, il est élevé, et nous fûmes toujours libres et parfois à l'excès. C'est à cet esprit libertaire que je dois d'avoir entrepris ce petit traité de la joie de vivre. Parce qu'il est impossible d'aimer un être assujetti, asservi, réduit en esclavage par l'hypnose amoureuse, parce qu'il faut abattre tous les barreaux de la cage, et laisser l'oiseau de paradis s'envoler, quand bien même la cage serait dorée à l'or fin. Cet envol doit être vécu comme une réussite lorsque l'on se veut pygmalion (et que peut-on être d'autre lorsque trente-trois ans vous séparent ?). Cet envol est une victoire. Une victoire terrible qui me fit réfléchir à mes propres dogmes, obsessions et autres marottes. Le monde, la vie, le temps sont-ils à ce point noirs qu'il faille en faire sa passion comme je le fis trop longtemps, avec à l'esprit cette délectation morose de celui qui se grise d'avoir eu raison avant les autres ? Les prophètes de malheur, les lanceurs d'alerte, les contempteurs de la modernité m'apparurent tous comme de solides déprimés, quand bien même ils ne cessaient de ricaner. Un matin, je décidai de ne plus ricaner et de faire un effort de mémoire, moi qui avais, comme tant d'autres, cette fâcheuse tendance à croire que « tout était mieux avant ».

Non ce n'était pas mieux avant

« La fin de l’histoire, la fin de l’homme ?
Est-il sérieux d’y songer ?
– ce sont là événements lointains
que l’Anxiété – avide de désastres imminents –
veut précipiter à tout prix. »

Cioran

En fait, les temps ont toujours été hostiles. Pourtant, l'effet « bon vieux temps » ne cesse de faire des ravages dans les têtes chenues. Il semblerait à écouter ces vénérables grincheux que tout était mieux avant, c'est-à-dire quand ils avaient vingt ans. La nostalgie de l'âge d'or est un curieux phénomène dans la mesure où elle ne résiste pas à un effort de mémoire de forte intensité. Sans remonter à l'éviction du jardin d'Éden, ni même aux calendes grecques, examinons un peu ce « bon vieux temps » tel que nous le vécûmes dans les années 1950, 1960 et 1970, que l'on a appelées un peu rapidement les Trente Glorieuses, sous prétexte que l'économie tournait à plein régime et que la croissance était à deux chiffres. Décennies qui prennent tout leur sens à l'échelle d'une vie, et qui nous épargnent les querelles byzantines des historiens et autres mémorialistes sur la supposée joie de vivre de nos ancêtres les Gaulois. Nous nous en tiendrons à ce que nous avons réellement vécu, et nous verrons que la mémoire est une faculté très souvent déficiente et surtout, ô paradoxe, particulièrement sélective et oublieuse.

Par exemple, je me souviens de la réflexion de ma fille de seize ans me disant un jour à quel point j'avais eu de la chance d'avoir eu seize ans en 1968. Sa remarque me fit l'effet d'un coup d'épingle et je me posai la question : avais-je été si heureux que cela en 1968 ? Chiche ! Faisons un effort de mémoire, pratiquons la réminiscence à la manière d'un Georges Perec, et dressons l'inventaire des félicités et autres bienfaits de cette joyeuse époque soixante-huitarde où il était interdit d'interdire.

D'abord, je me souviens de la noirceur de Paris. Le grand nettoyage et le ravalement de façades décrétés par le plan Malraux ne s'étaient pas encore déployés et Paris était sombre, les façades noircies étaient tout bonnement sinistres. Les hivers nous semblaient interminables, nous marchions par les rues froides, les poings dans nos poches crevées, cernés de sombres murailles, et une infinie tristesse pesait sur nos jeunes consciences effarées. Il y avait des bistrots à tous les coins de rue pour nous réchauffer, mais ils nous rendaient alcooliques, nerveux, prompts à la bagarre de comptoir.

Il n'y avait pas toujours de quoi se réjouir dans la plupart de ces troquets, souvent assez misérables, animés par des patrons bas du front qui avaient parfois du mal à tenir leur berger allemand agressif. Et on en entendait des bêtises autour du zinc, il n'y avait pas que des perles, c'est le moins qu'on puisse dire. Et puis on toussait beaucoup, certains n'hésitaient pas à cracher dans la sciure répandue au sol, l'air était enfumé par les Gitanes, les Gauloises et les Boyards maïs qui se consumaient dans les cendriers jaunes Ricard éparpillés sur le zinc, entre les ballons de rouge et les œufs durs. Cela contribuait beaucoup au taux de mortalité prématurée qui touchait les hommes de la classe ouvrière. D'autant que l'air de Paris était plus pollué qu'aujourd'hui, le chauffage au charbon avait encore droit de cité, et les cheminées crachaient de la fumée noire qui se répandait sur les piétons, les cours, les rues et les façades des immeubles. Il en allait de même pour la circulation automobile dont les moteurs, souvent mal réglés et sommaires, rejetaient dans l'air des fumées incroyablement denses qui donnaient aux rues une impression de brouillard permanent. En 1970, il y avait en France à peu près 7 millions de véhicules contre 25 millions environ aujourd'hui. Pourtant, la vitesse moyenne des automobiles à Paris ne dépassait pas 13 km/h, alors qu'elle atteint en moyenne 18 km/h en 2015. Il faut dire que ces voitures d'un autre âge étaient toujours en panne, sur le point de rendre l'âme parce qu'il faisait trop chaud, ou trop humide, ou trop froid. Il fallait surtout ne pas oublier de nettoyer les bougies, et mettre de l'eau dans le radiateur si l'on ne voulait pas couler une bielle. Le coup de la bielle coulée était extrêmement fréquent, et les épaves encombraient les bas-côtés de la route, contribuant au ralentissement général de la circulation. Les bouchons parisiens ne datent donc pas de la postmodernité mais ont commencé à apparaître dès la fin des années 1950, c'est-à-dire il y a plus d'un demi-siècle.

Et sur les routes, ce n'était pas vraiment mieux avant non plus. En ce qui concerne la sécurité routière, l'évolution est impressionnante ; 16387 morts tués sur les routes en 1970, 3464 en 2015. Sans commentaires.

Je me souviens aussi des cours de récré du début des années 1960. Certaines écoles arboraient encore la blouse grise et les galoches. L'aspect physique des gamins tenait parfois de la Cour des miracles. À part quelques spécimens admirables, la plupart étaient étonnamment moches, ils avaient des trognes dès l'âge de dix ans. Points de rachitisme au sternum, bouches édentées, genoux cagneux, vermines fréquentes, merde au cul faute de sanitaires dignes de ce nom, rien n'avait vraiment changé depuis Céline. En fait, la plupart étaient mal nourris, avaient souvent des vers, et ils ne refusaient pas le lait chocolaté que l'Éducation nationale, dans sa grande mansuétude, distribuait à la récréation pour tenter d'améliorer leur ordinaire. Mis à part les deux cents familles de notables, industriels ou banquiers, l'immense majorité des hommes était pauvre, il n'était pas rare de voir des gamins le long des chemins de la grande périphérie parisienne, territoire de la classe ouvrière, à la recherche de pissenlits pour le repas du soir. Agrémentée de lardons et d'œufs durs, la salade était délicieuse, elle est devenue introuvable aujourd'hui parce que l'on a compris que ces pissenlits de bord de route étaient toxiques, contaminés par le plomb des tuyaux d'échappement. À l'époque, on ne le savait pas et l'eussions-nous su que cela n'aurait rien changé. Il fallait survivre. La pauvreté des ménages était telle que la paye du « chef de famille » était dépensée dès la troisième semaine, il fallait se débrouiller pour la quatrième et tenir jusqu'à la paye suivante.

Je me souviens aussi que tout le monde était plus ou moins malade, tout le temps. Cela faisait partie des mœurs, c'était intégré au mode de vie. Dans une famille, en hiver, il y en avait toujours un au lit. Pathologies pulmonaires, digestives, hépatiques se succédaient pour compliquer l'existence des hommes déjà soumis aux rigueurs économiques. Les hôpitaux avaient gardé dans les années 1960 un mode de fonctionnement très XIXe siècle (je me souviens avoir connu, dans les années 1950, les cataplasmes à la moutarde et les ventouses dans le dos) : grandes salles communes avec leurs lits en fer et le tableau des températures accroché au pied. On y restait plus longtemps qu'aujourd'hui, assez souvent aussi on en ressortait les pieds devant, l'opération s'était mal passée, ou l'anesthésiste avait mal dosé ses ampoules, les familles étaient résignées et la vie plus brève. La dentisterie aussi laissait à désirer, les roulettes tournaient trop lentement et leur son résonnait longtemps dans les crânes, bien sûr elles ne cessaient de « toucher le nerf » et là c'était vraiment l'horreur pour tous les gamins qui considéraient le dentiste comme leur principal cauchemar.

Dans les années 1960, la France n'avait pas encore quitté le monde rural, et dans les campagnes arriérées, on pouvait rencontrer des spécimens assez rustiques issus tout droit d'un tableau de Jérôme Bosch. Bancals, mal bâtis, éclopés de tout genre pullulaient, mais aussi les bas du front, les crétins des Alpes, les idiots de village ; l'alcoolisme n'y était pas étranger même si la consanguinité en restait la cause principale. Dans les vallées perdues, le brassage génétique se faisait mal, et l'inceste faisait partie des mœurs.

Dans nos mégalopoles, nous avons tendance à idéaliser la vie des paysans. D'abord, nous l'imaginons toujours à la belle saison, genre sieste dans les meules de foin, ou baignade à la claire fontaine. La réalité est évidemment plus âpre, les conditions d'existence dans les fermes des années 1950 étaient extrêmement dures, et le temps de travail coïncidait avec le chant du coq et le coucher du soleil. La terre était basse et ingrate, la météo souvent perfide, et les accidents du travail toujours fatals. Mais la condition humaine n'était pas beaucoup plus glorieuse en ville, les fameuses « cadences infernales » dans les usines avaient vite fait de vous briser le corps et le moral, et la sidérurgie et les mines, les hauts fourneaux et les tanneries, les chaînes d'assemblage et d'emboutissage s'apparentaient à une forme d'enfer sur Terre qui autorisait les parents à menacer leurs cancres de gamins par de péremptoires : « Si tu continues comme ça, tu finiras à l'usine ! »

Je me souviens aussi de l'ennui qui régnait en maître sur nos têtes. Les journées, les semaines, les mois, en hiver, n'en finissaient plus. Le temps ne s'écoulait pas, nous étions englués dans des heures interminables. C'est ce que n'a pas manqué de rappeler Michel Legrand lorsqu'il évoque ses jeunes années : « L'ennui. C'est ce que je retiens de mes premières années. Je n'aimais ni le monde des enfants, tyrannique, ni celui des adultes où l'on me parlait comme à un chien : "Mange ta soupe ! Va au lit !" Alors, j'ai refusé d'aller à l'école malgré l'insistance de ma mère[1]. » Sans remonter jusqu'à Schopenhauer, qui a parfaitement pointé du doigt l'ennui comme alternative à la douleur, aux confins des années 1960-1965 nous étions collectivement confrontés à une forme d'immobilisme social, de conformisme intellectuel et de petitesse généralisée, à un point inimaginable aujourd'hui. En fait, et mis à part quelques moments d'extase à la belle saison, on s'emmerdait royalement dans tout le pays, tant le temps avait suspendu son vol, phénomène qui d'ailleurs fit le lit des « événements » de 1968. Car Mai fut d'abord et avant tout une révolte contre l'ennui avant de prétendre devenir une révolution contre le grand capital. Les gamines et les gamins de 1968 s'en foutaient pas mal du grand capital, ils avaient surtout envie de s'envoyer en l'air dans tous les sens du terme.

Dans sa biographie, intitulée *En marges*[2], Philippe Djian nous fait part de ses dispositions

1. *Gala*, décembre 2015.
2. David Desvérité, *Philippe Djian, en marges*, Le Castor astral, 2014.

d'esprit en 1965 : « À cette époque, je le dis à l'attention des plus jeunes, il fallait faire un effort de volonté pour ne pas se suicider. Vous n'imaginez pas comme ce pays était sombre et triste et infiniment cotonneux. N'écoutez pas ceux qui vous disent le contraire. J'y étais. Nous partions en lambeaux, nous nous confondions, nous passions des journées entières à jouer au flipper, à rêver de libération sexuelle, et rien ne frémissait à l'horizon, rien ne nous retenait de nous jeter dans la Seine. » De fait, c'était un ennui dont on peine aujourd'hui à dessiner les contours. Ce qui frappait avant tout, c'était l'immobilisme. Les jeunes étaient assignés à résidence, à la fois par leur pouvoir d'achat quasi nul, mais aussi par l'absence de moyens de locomotion et évidemment de télécommunication (il n'était pas rare, à l'époque, que le téléphone familial fût fermé à l'aide d'un cadenas placé sur le cadran). De surcroît, les mœurs étaient incroyablement corsetées. La pilule n'existait pas et les filles ne couchaient pas.

En 1965, la société était bloquée et commençait seulement et avec peine à percevoir les bienfaits de la société de consommation (« Moulinex libère la femme », serinait la réclame) et Anna Karina s'écriait : « Qu'est-ce que j'peux faire ? J'sais pas quoi faire ! » Bref, c'était du vieux temps pas bon du tout.

Pourtant, par la musique, l'air du temps était en train de changer, le rock-and-roll se faisait entendre à la TSF, et Elvis, Buddy Holly ou Bill Haley allaient faire gigoter les derrières et agiter les guiboles. Les portes des grands appartements s'ouvrirent et les surprises-parties firent florès. On éclusa le vin des parents dans les boums, on dansa des heures collés les uns aux autres sur Procol Harum ou les Bee Gees, et on se mit à coucher. Ce fut le début de la *parenthèse enchantée*. Après être allés se faire dépuceler en Angleterre par les petites Anglaises qui bénéficièrent de la pilule deux ou trois ans avant les Françaises, nous fûmes collectivement pris d'une frénésie de sexe. Ce fut une déferlante irrépressible, et les hippies donnèrent un contenu idéologique à cette débauche soudaine. Il fallait faire l'amour, pas la guerre. Cette partouze généralisée dura une bonne quinzaine d'années, c'est-à-dire jusqu'à l'apparition du sida vers 1985.

Ce fut parfois joyeux, mais pas toujours, et surtout ça le fut de moins en moins. Il y eut des abus qui jetèrent un voile sombre sur cette fête érotique permanente. On ne savait parfois pas le prénom de la fille avec laquelle on avait passé la nuit, c'était lamentable. Comme l'amour n'avait pas abdiqué, le nombre de cœurs brisés explosa, victimes de ce coït quasi obligatoire et frénétique. Mais outre les détresses amoureuses, le grand dommage collatéral fut sans conteste l'explosion des MST, débouchant sur une épidémie de salpingites qui, mal identifiées et mal soignées, suscitèrent une stérilité de masse chez les jeunes femmes qui ne comprirent pas comment ces rêves de paix et d'amour libre pouvaient à ce point se transformer en cauchemar. Pratiquant l'abattage, des centaines de milliers d'hirsutes se prirent pour des Casanova au petit pied et firent des ravages dans le corps des femmes. On mesura longtemps le bonheur individuel à l'aune du nombre de coïts pratiqués, et l'orgasme restera pour des décennies le critère principal offert à l'imaginaire pour symboliser la joie de vivre. Aujourd'hui encore, la vitalité est considérée essentiellement sous son aspect sexuel (la fameuse libido), y compris chez les femmes pour lesquelles le nombre d'orgasmes hebdomadaires est supposé refléter leur parfait épanouissement. Comme ne cesse de le rappeler Jane Fonda, « l'amour physique, c'est bon pour la santé ». Eh bien, pas toujours Jane, pas toujours…

C'est aussi à la fin des années 1960 que la pornographie de masse a déferlé, avec pour finalité de s'attaquer au désir de plein fouet. Jusque-là, on en était resté aux estampes japonaises, et Lacan cachait derrière un paysage anodin *L'Origine du monde* de Courbet tellement le motif paraissait outrageant. Cette pornographie industrielle fut perçue comme une avancée « sociétale » comme on dit aujourd'hui. Elle participa de cette vague de lubricité collective que l'on appelle la « libération sexuelle », et il fut un temps, au début des années 1970, où la moitié des cinémas des

Champs-Élysées programmaient des « films de cul » (*Emmanuelle*, *Gorge profonde*, *Derrière la porte verte*, etc.).

Il est vrai que nous étions plutôt nuls en termes d'éducation sexuelle. Bien des filles de quatorze ans ne savaient pas ce que c'était que les règles, personne n'avait cru bon de les prévenir. Et la connaissance du clitoris dans son intégralité ne fut révélée, y compris au corps médical, qu'en 1973. Dans le même temps, les garçons en pleine puberté subissaient sans comprendre un séisme hormonal, malheureusement sans débouchés, et sur lequel il était hors de question de s'exprimer ; la libération sexuelle fut ainsi une libération à l'aveuglette, et le désir, jusque-là tenu en laisse, restait dans l'ignorance de ses moyens et finalités.

Simultanément, les mouvements féministes se firent entendre clairement et revendiquèrent, à juste titre, le droit des femmes à disposer de leur corps comme elles l'entendaient, y compris le droit à l'avortement (IVG) qui trouva son acmé en 1971 avec le « manifeste des 343 salopes ». Ce mouvement de libération secoua les anciens usages et il ne fut plus bien vu de pratiquer la galanterie tant il s'agissait d'être de plain-pied avec les mâles. Ce qui déboucha sur une forme de crispation des relations hommes-femmes. Les anciens rôles, multiséculaires, durent s'effacer derrière de nouveaux rapports de force, et une certaine douceur de vivre en fut provisoirement compromise, y compris pour les femmes, tant il fut difficile de se séparer d'habitudes ancestrales. Il fallut désormais garder la plus grande vigilance dans ses relations amoureuses, afin de débusquer les derniers phallocrates invétérés, sous le regard sourcilleux des Chiennes de garde. Il s'ensuivit une certaine confusion chez les deux sexes, confusion qui dure toujours, les uns se plaignant du fait que les femmes soient devenues franchement « casse-couilles », et les autres déplorant le fait qu'il n'y ait plus de « vrais mecs ».

Plus personne ne sut comment s'y prendre, d'autant plus que l'homosexualité sortit de son ghetto et ajouta à la complexité des choses par l'apparition de la théorie du genre.

Vous croyez être un homme, mais qu'est-ce qu'un homme ? La question, qui aurait paru facile au lendemain de la Seconde Guerre mondiale, ne le fut plus du tout. Réfléchissez bien avant de tenter une réponse claire, car il pourrait vite vous en cuire si d'aventure vous étiez amené à faire le portrait un peu hâtif d'un grand mâle protecteur et hétérosexuel déclaré. Désormais, un homme est une femme comme les autres et réciproquement. Ça change la donne, et ça amène certainement un degré de sophistication supplémentaire dans les relations humaines. Mais, hypothèse audacieuse, il se pourrait aussi que la démographie, sous la pression du nombre, nous conduise à devoir impérativement nous mettre à la place de l'autre, à favoriser l'empathie, la compréhension mutuelle, la tolérance réciproque, et cela afin de faire face à une promiscuité de plus en plus tendue. Il est évident que nous venons d'un monde violent, à cet égard le XXe siècle a abondamment donné la preuve qu'il n'était pas possible de faire confiance au mâle pour développer spontanément une société paisible et harmonieuse. La disqualification des valeurs viriles fut l'héritage des deux conflits mondiaux et de leur cortège d'abominations. Il est également évident, et cela y compris dans la sphère privée, que nous vivons dans une société plus douce pour l'ensemble de ses membres que celle des années 1950, 1960 ou 1970. Ainsi, j'ai croisé un nombre incalculable de femmes, ayant été jeunes filles ou même fillettes pendant ces années-là, qui avaient été touchées, violées, tripotées par des oncles, des pères, des frères, des cousins ou des voisins, et cela en toute impunité, tant la honte et la pression sociale faisaient peser sur elles un silence de fer jusqu'à celer leurs lèvres à jamais.

Non, les sixties ne furent pas cet éden naïf, enthousiaste et joyeux que l'on offre aujourd'hui à l'imagination des foules, elles furent âpres, tendues, et belliqueuses, comme en attestent la Guerre froide, les essais nucléaires, la prolifération des armes atomiques, les guerres de décolonisation féroces, dont on paye encore le prix aujourd'hui.

Je me souviens aussi que d'un point de vue écologique (nous ignorions le mot) nous étions stupides. Nous ne savions pas vivre. En bagnole, nous balancions tout par les fenêtres : mégots, canettes de bière, papiers gras, couches usagées. Pareil pour les pique-niques, nous laissions les ordures sur place. Le moindre petit bois était encombré de vieux frigos, lavabos, baignoires, w.-c., le ramassage des déchets n'était pas encore organisé pour faire face à l'explosion de la société de consommation, et les épaves de voiture, les pneus usagés, les batteries éventrées s'entassaient dans des carrières boueuses tout autour des villes qui ne cessaient de s'étendre. Le tri sélectif des ordures n'existait pas et la Seine servait de réceptacle à tous les égouts de Paris et de sa banlieue, et ce jusqu'à Rouen. À l'époque, au début des années 1970, il n'y avait plus que deux ou trois espèces de poissons capables de survivre dans ce cloaque. Aujourd'hui les concours de pêche ont révélé qu'il y en avait plus d'une trentaine, et cela au cœur de Paris (même s'il est peu recommandé de les consommer).

Mais il n'y a pas seulement sur le plan écologique que nous étions nuls, en alimentation aussi nous étions délirants. Dans les années d'après-guerre, le pays était pauvre, et nous mangions mal pour des raisons essentiellement économiques, excepté dans certaines régions de cocagne comme la Normandie ou le Sud-Ouest, ou encore la Provence avec sa cuisine méditerranéenne, riche en fruits et légumes, assaisonnée à l'huile d'olive. Mais dans les grandes villes, et Paris au premier chef, la classe ouvrière mais aussi la multitude des petits employés de bureau, qui avaient du mal à joindre les deux bouts, mangeaient mal. Dans les années 1950 et au début des années 1960, il n'était pas rare de voir les gens manger des tartines de saindoux, c'est-à-dire de la graisse de porc pure, de la cervelle, du cheval, et parfois même du mou, une horreur ! Les quignons de pain frottés d'ail accompagnaient des repas où la soupe, dans laquelle trempaient les morceaux de pain rassis de l'avant-veille, servait de rituel familial. Qui n'a pas entendu, s'il est né après-guerre, le célèbre « mange ta soupe, si tu veux grandir… » ? Cette soupe, on pourra dire que l'on en aura soupé, tant et plus, au point d'en conserver à l'esprit une aversion définitive.

Mais il n'y avait pas que chez les pauvres où l'on mangeait mal, d'une certaine façon chez les riches, c'était pire. Les banquets chez certains bourgeois constituaient de véritables entreprises de démolition. Les plats en sauce se succédaient, les plateaux de charcuterie, de cochonnailles, de fromages laissaient la place à des farandoles de desserts et de gâteaux, souvent délicieux, mais toujours dévastateurs pour les organismes qui y étaient soumis. D'autant que l'alcool coulait à flots. Ça commençait par l'apéro, se poursuivait à table par des vins de toutes les couleurs, par des « trous normands », par le champagne avec le dessert, les cognacs au moment des petits fours. Il n'était pas rare que le repas du dimanche, commencé vers midi, se finisse dans les vapeurs d'alcool aux alentours de 17-18 heures. Évidemment, ça riait gras autour de la grande table, et ça s'engueulait aussi énormément, et assez souvent les bouteilles volaient.

À cette époque, les pathologies digestives et intestinales faisaient des ravages. Comme la « chaîne du froid » et les moyens de conservation laissaient à désirer, les salmonelles s'en donnaient à cœur joie et proliféraient dans les cuisines, comme les ulcères de l'estomac, les cirrhoses du foie et les intestins en charpie. C'est à cette époque que les excès alimentaires prirent leur envol, la grande distribution vit le jour et offrit aux quidams une multitude de produits industriels à bas prix et au marketing publicitaire redoutablement efficace. Les foules devinrent dépendantes au sucre, au sel, au glutamate, à tous les exhausteurs de goût que l'industrie agroalimentaire, cupide et imaginative, ne cessa de leur proposer dans les rayons clinquants des hypermarchés. Ce fut le début de l'épidémie d'obésité planétaire. Non, la vie gastronomique n'était pas gaie, pas légère, pas vivifiante, dans les années 1960. En fait, on en crevait assez souvent.

Quand on vous parle de la bêtise contemporaine qui aurait atteint des sommets, ce qui est peut-être vrai eu égard aux moyens de propagation modernes d'une efficacité sans pareil, c'est faire peu de cas de l'extraordinaire bêtise qui était le lot quotidien de ces années-là. C'est à cette époque que l'homme occidental entra avec frénésie et avidité dans la société de consommation. Sa fascination pour les objets et les produits fabriqués à la chaîne à des prix abordables lui fit renoncer à la vitesse de l'éclair à vingt siècles d'habitudes et de coutumes fondées sur sa croyance en Dieu le Père tout-puissant. Nietzsche avait annoncé la couleur, l'homme moderne n'eut plus besoin de cette « hypothèse ». Il perdit ainsi sa spiritualité, il se fit strictement consommateur et se perçut comme libre dans un monde d'abondance. Si le confort général augmenta pour l'homme de la rue, cet homme moyen qui avait servi si souvent de chair à canon tout au long du XXe siècle, son cogito ne progressa pas dans les mêmes proportions, bien au contraire. Se considérant comme définitivement émancipé (du latin *ex manus capere,* « quitter la main du père »), il se comporta comme un gamin que l'on vient de lâcher dans la cour de l'école afin qu'il puisse se défouler et vivre sa « récréation ».

Et effectivement, question défoulement nous avons été servis. La *parenthèse enchantée*, c'est ce moment où l'homme se crut libre, débarrassé des anciennes contraintes et des vieux usages, où il put s'ébattre à sa guise dans un monde encore habitable et dans lequel les rivières, les fleuves, les bords de mer, les montagnes et les forêts avaient encore leur aspect immémorial, dans un monde alors globalement intact.

Mais l'un des principaux effets délétères de la société de consommation fut l'extension du domaine de la consommation à l'amour, au sexe, à l'amitié et aux relations humaines en général. Comme les objets, les hommes devinrent interchangeables ; le phénomène fut particulièrement sensible dans le monde du travail, l'homme devint une variable d'ajustement comme une autre. Le « mouvement » dans tous les secteurs fut érigé comme le nouveau credo, il fallait que « ça bouge » si l'on voulait « en être ». Dans le même temps, l'industrie inventa les premières délocalisations, le textile et l'habillement furent parmi les premiers secteurs, dès les années 1960, à fermer des usines en France pour faire fabriquer à l'étranger à bas coût. Les firmes inventèrent les produits éphémères et jetables. On cessa de réparer, on se mit à envoyer à la casse, à la poubelle, à la déchetterie, tous les appareils électroménagers en panne, comme les vieux meubles passés de mode ou les objets en plastique qui vieillissent si mal et qui ont pourtant une durée de vie quasi éternelle et tournent sur eux-mêmes indéfiniment dans le *plastic vortex* au cœur de l'océan Pacifique.

À l'heure où l'antiracisme est à juste titre attaqué de partout tant il a étendu son pouvoir totalitaire dans toutes les sphères de la société, lui imposant un code de la bien-pensance d'une rigueur implacable, il convient de se souvenir de la drôle de mentalité qui prévalait dans les années d'après-guerre et cela jusqu'aux années 1970. Un racisme pantouflard régnait en maître sur la vie sociale, et tous les petits Blancs, qui alors tenaient encore le haut du pavé, y allaient de leurs négros, bougnoules, bamboulas et autres blanches-neiges. En fait, le petit peuple a toujours été raciste. Il a toujours eu une méfiance atavique vis-à-vis de l'étranger, et avant les Noirs et les Arabes, il y a eu les ritals, les russkofs, les portos ou les espingouins. Dernier territoire avant l'océan, la France, en tant que finistère, a une longue histoire d'immigration ; Renan a développé des pages célèbres[3] pour nous expliquer qu'il ne fallait pas chercher une « race française » qui n'existe pas, mais plutôt se regrouper sous le terme de « nation », la nation englobant l'ensemble des peuples qui la constituent.

Pourtant, moi gamin, je me souviens précisément de ce sous-prolétariat issu des colonies françaises que l'on voyait du matin au soir construire les routes, les ponts, les immeubles, les aéroports, et cela par tous les temps, et pour des salaires de misère, relégué dans des foyers préfabriqués Sonacotra, et qui

---

3. Ernest Renan, *Qu'est-ce qu'une nation ?* conférence du 11 mars 1882 à la Sorbonne, Mille et une nuits, 1997.

contribua si bien à l'effet de croissance qui caractérisa cette époque. Ce sont leurs fils et leurs petits-fils qui aujourd'hui peuplent les cités qui donnent tant de difficultés à la République, parce qu'ils ne rasent pas les murs, parce qu'ils se souviennent des humiliations passées, parce qu'il n'y a pas que la religion qui alimente leur crispation identitaire, tant on sait qu'il n'est pas bon de s'appeler Mohammed sur un CV si l'on veut trouver un travail autre que celui consistant à vider les poubelles. Nous sommes aujourd'hui collectivement victimes, quelle que soit notre couleur de peau, notre religion ou notre culture d'origine, de ces années-là que l'on prend toujours pour du « bon vieux temps », qui furent peut-être les dernières où la suprématie blanche put s'exprimer librement. On en paye aujourd'hui le prix, et il est devenu quasi impossible pour les politiques d'enclencher une solution car la solution dépend du long terme alors qu'eux ne vivent que dans le court terme des élections qui se succèdent, et sous la pression incessante du Front national, qui est devenu le seul parti à s'adresser au petit peuple et sans doute à le comprendre.

Non, ce n'était pas mieux avant. De 1954 à 1962, 30 000 Français et 300 000 Algériens sont morts pendant la guerre d'Algérie, et en Indochine, 90 soldats tombaient tous les jours sous le feu de l'ennemi. Dans le même temps, près d'un million de Pieds-Noirs (Pied-Noir en souvenir des bottes du père Bugeaud) sont mis à la porte de chez eux et sont contraints de s'exiler en métropole dans des conditions de précarité extrême.

Quant aux attentats, ils n'ont cessé de se succéder dans les années 1970-1980, qu'ils soient l'œuvre de Carlos, d'Action directe, du FLNC, du groupe Charles-Martel ou encore d'Abou Nidal. Ils sont moins dévastateurs que les attaques du 13 novembre 2015, mais ils font aussi des morts et des blessés : 6 morts et 22 blessés pour la fusillade de la rue des Rosiers le 9 août 1982, 8 morts et 56 blessés pour l'attentat d'Orly par l'ASALA le 15 juillet 1983, 5 morts et 45 blessés pour la gare Saint-Charles à Marseille et dans le TGV Marseille-Paris pour les attentats perpétrés par Carlos, le 31 décembre 1983. Souvenons-nous aussi de l'attentat revendiqué par l'OAS en 1961, particulièrement meurtrier : 28 morts suite à l'explosion d'un train entre Strasbourg et Paris, à la hauteur de Vitry-le-François.

Non, avant, ce n'était pas mieux, c'était pareil, et la nature humaine, incapable de se discipliner, était déjà la proie de tous les délires du postmodernisme le plus débridé. Comme le disait Tristan Bernard, « l'humanité qui devrait avoir six mille ans d'expérience retombe en enfance à chaque génération ». À chaque génération, tout est à refaire, il faut tout réexpliquer, recommencer sans se lasser l'éducation de l'homme, et surtout lui faire accomplir cet effort de mémoire sans lequel l'avenir devient impossible. Défi qui inspira à Baudouin de Bodinat cette formule en guise de sous-titre à son livre poignant intitulé *La Vie sur Terre*[4], où il développe ses « réflexions sur le peu d'avenir que contient le temps où nous sommes ».

Non, il n'y a pas eu d'âge d'or, au contraire.

---

4. L'Encyclopédie des nuisances, 1996 et 1999.

Il faut à tout moment se souvenir que les conditions de vie qui sont les nôtres aujourd'hui, et qui par bien des aspects sont d'une violence à la fois feutrée et extrême, ont été conçues et mises en pratique dans ces années-là que l'on nous présente comme magnifiques de fraîcheur naïve, d'enthousiasme euphorisant et de joie de vivre. Ces années-là inventèrent la grande distribution qui vida les centres-villes de leurs petits commerces, la télévision comme moyen de divertissement exclusif qui fixa les gens chez eux et fit fermer les volets, le tourisme de masse (on vient d'atteindre le milliard) qui défigura les beautés naturelles du monde sauvage, le démembrement des campagnes qui signa la fin du monde paysan et de la vie pastorale, le productivisme agricole qui empoisonna la terre et tua les insectes pollinisateurs par l'usage intensif des pesticides avec pour effet, par le biais de l'alimentation, l'explosion des cancers, le renoncement à toute forme de spiritualité au profit d'un hédonisme matérialiste faisant des hommes des créatures dépressives, la décentralisation et l'abdication de la puissance publique débouchant sur un développement anarchique de la construction, entraînant une laideur généralisée, un bétonnage systématique du territoire et la prolifération des zones de lotissements où le parpaing est roi et l'homme humilié.

Non, ces années-là ne furent pas glorieuses, ce sont elles, en proie à l'*hubris*[5], qui ont créé les problèmes que nous vivons aujourd'hui, ces problèmes dans lesquels il est probable que nous soyons durablement empêtrés.

Mais nous avons un avantage sur les hommes de ces années-là, un avantage considérable. C'est que maintenant nous savons. Comme il n'y a pas d'être en soi préexistant à l'effort de se faire, l'homme que nous voulons être, il va nous falloir le devenir, par le courage de regarder la vérité en face, d'en tirer les leçons, de se retrousser les manches, afin de faire en sorte qu'un avenir soit encore possible.

---

5. *Hubris* : chez les Grecs, tout ce qui, dans la conduite de l'homme, est considéré par les dieux comme démesure, orgueil, et devant appeler leur vengeance.

Nous les jouisseurs du baby-boom, nous les fêtards impénitents qui avons tant profité de la *parenthèse enchantée*, nous les hommes-enfants turbulents, narcissiques, irresponsables, il va falloir nous reprendre et nous mettre au travail. Réparer nos méfaits, nous le devons à nos enfants. Ces enfants que nous avons faits dans la rigolade, sans y penser, et sans jamais nous demander si nous avions bien fait notre métier de parent. Ce qui évidemment ne fut pas vraiment le cas. Notre permissivité, et l'incapacité où nous fûmes de leur donner le « bon exemple », contribuèrent à l'émergence d'une génération inquiète et étonnamment conformiste. Ce phénomène est compréhensible dans la mesure où nos enfants n'ont tout simplement pas envie de nous ressembler. Pourtant, ils ne peuvent dans le même temps s'empêcher d'envier la liberté de ces années-là, leur insouciance chronique, cette légèreté d'être qui furent quand même les derniers grands moments d'extase collective que connut l'humanité blanche.

Il apparaît cependant que ces nouveaux vieux, nés après-guerre, et n'ayant connu que la croissance et le plein-emploi, ne font pas forcément de bons vieux ; on en voit beaucoup se plaindre et regretter amèrement la disparition progressive de leurs anciens privilèges et du bon vieux temps qui les a vus naître, ce qui les empêche peut-être de s'apercevoir que, somme toute, tout ne va pas si mal aujourd'hui.

Tout ne va pas si mal aujourd'hui

« — À quoi te sert, Socrate, d'apprendre à jouer de la lyre puisque tu vas mourir ?
— À jouer de la lyre avant de mourir. »

À ceux qui vous déclarent d'un air grave que « rien ne sera plus jamais comme avant », répondez « heureusement ! ». Car s'il convient effectivement de renoncer à toute forme de surenchère, tant notre situation macro-économique et sociale est critique, il nous faut bien davantage éviter de garder nos deux pieds dans le même sabot. Rappelons-nous, et c'est difficile à accepter pour un esprit occidental, que la destruction est inhérente à la vie, qu'elle en est consubstantielle. Un être humain, dès la naissance, commence à mourir, il porte en lui le principe d'obsolescence programmée, cela s'appelle l'apoptose. À savoir que les cellules du corps humain sont programmées génétiquement dès le début pour se renouveler un nombre fini de fois, au-delà, c'est la mort inévitable, et vous pourrez boire tout le thé vert que vous voulez, manger cinq fruits et légumes par jour pendant cinquante ans, vivre de façon parfaite, vous n'y échapperez pas ; c'est terrible pour l'ego, mais il arrive un moment où la vie cesse (si l'on ne tient pas compte de la théorie transhumaniste de l'homme augmenté, théorie qui pour l'instant n'a pas été validée). On peut pourtant accepter ce sort, assez bizarre dans la mesure où vous disparaissez après avoir accumulé du savoir et finalement compris un certain nombre de choses qui vous échappaient dans votre jeunesse (sans pour autant en éprouver de l'effroi). Quel dommage de disparaître au moment où l'on atteint enfin le sommet de soi-même.

Pourtant, faites le test autour de vous, lorsque l'on demande à quelqu'un, et cela quel que soit son âge, s'il aimerait vivre éternellement ou laisser simplement faire la Nature, la deuxième option est rapidement majoritaire. Ce qui dénote une forme de spiritualité chez des esprits que l'on croyait intégralement réifiés et obsédés par la consommation, par le matérialisme et par eux-mêmes. Ils rejoignent ainsi la pensée de Spinoza, consolatrice et apaisante : « Je me sais mortel, mais je me sens éternel. »

C'est de la sorte que l'homme est un animal religieux, c'est ainsi que l'homme est grand, par cette foi résiduelle en quelque chose qui le dépasse et le transcende, alors même qu'il est au bout du rouleau, à double titre, en tant qu'individu et en tant qu'espèce. Au moment même où il se croit fini, tout commence pour lui, c'est peut-être même parce qu'il se croit fini que tout peut recommencer. *Go to the edge and fly !* comme disent les Anglo-Saxons.

Aujourd'hui, alors que les périls semblent s'accumuler au-dessus de nos têtes, nous ne prêtons pas assez attention à ce qui va bien. Finalement, les ennuis font beaucoup de bruit, et le bien chemine silencieusement, la discrétion étant sans doute l'une des conditions de son succès. Au stade embryonnaire, toute innovation est excessivement fragile, le secret, dans cette phase, est l'âme de la réussite. Qu'est-ce qui demain tirera l'humanité d'affaire ? Quelles sont les inventions, les innovations, les sauts créatifs qui provoqueront un changement paradigmatique salvateur ? On n'en sait rien, et il est probable que les quelques essais pour tenter de les décrire, que l'on peut lire ici et là dans des revues ou des articles de prospective, s'avéreront faux, peut-être dérisoires, et même parfois comiques. Ainsi en 1992, lorsque Bill Clinton réunit ses experts à la Maison-Blanche pour leur demander de lui décrire le monde à venir aucun ne mentionna Internet.

Dans les années 1960, les gamins de dix-douze ans lisaient une revue qui s'intéressait à l'avenir et présentait de longs articles sur le mode de vie de l'an 2000 (pendant longtemps, l'an 2000 fut une date mythique). On y voyait des individus souriants, flottant dans l'espace grâce à leurs gyroptères personnels (petit moteur dans le dos et pales au-dessus de la tête), habillés de combinaisons spatio-temporelles (qui ont dû inspirer Courrèges), ils buvaient des cocktails de longévité leur permettant de vivre perpétuellement jeunes, bien sûr le cancer et les maladies graves avaient été vaincus et la Terre frôlait les 20 milliards d'individus grâce au fait que les fonds marins, les déserts et la surface des océans étaient devenus hospitaliers sous la forme de riantes cités artificielles débordantes de fleurs exotiques et de grandes piscines de type Aquaboulevard. Ce titre de presse, très apprécié à l'époque, s'appelait en toute simplicité *Tout l'Univers*, et la conquête spatiale constituait sa principale marotte. L'homme, dans les années 1960, était convaincu, lorsqu'il regardait la voûte céleste par les beaux soirs de juin, que le temps n'était plus très loin où il irait coloniser les étoiles.

Désormais, nous avons des rêves plus modestes. La vie nous a appris à modérer nos ambitions, et le doux délire mégalomane des pétulantes sixties n'est plus qu'un lointain souvenir. Parmi les germinations silencieuses qui peuvent demain nous faciliter la vie et la rendre plus agréable, plus joyeuse et plus vive, beaucoup sont directement liées au cadre de vie et à l'action sur le quotidien, à la santé et à l'écologie, ce qui semble assez logique si l'on considère les problèmes immédiats auxquels nous avons à faire face.

À Chicago[6] par exemple, les jardins potagers sur les toits fleurissent et prospèrent. Il y en a plus de 23 hectares, ce qui est considérable (ce n'est plus une jardinière de tomates cerises suspendue au balcon), permettant de transformer un ghetto en lieu de vie agréable, brassant les catégories sociales et ethniques par la pratique de la culture en commun. Les Danois ont inventé la Copenhagen Wheel, un vélo qui stocke l'énergie et la restitue à la demande. Dix minutes de pédalage permettent de recharger 15 % de la batterie d'un téléphone portable. Une bague électronique qui transforme la lecture optique ligne par ligne en traduction audio va bientôt être mise en service à l'intention des malvoyants. La fabrication de prothèses sur mesure en imprimante 3D permettra un ajustement si précis qu'elles s'emboîteront sans vis et réduiront les temps de convalescence et les risques d'usure. Dans le même temps, la création d'exosquelettes

---

6. Exemple tiré de la revue *Soon Soon Soon*.

parfaitement adaptés permettra de marcher à des handicapés moteurs. Les bouteilles d'eau en plastique sont amenées à disparaître. Elles seront remplacées par des procédés de membranes très fines et résistantes faites d'algues et de chlorure de calcium, permettant le stockage et le transport, et que l'on utilisera très simplement en pressant la membrane pour laisser passer l'eau. Effet magique garanti.

La liste des innovations actuellement en conception ou en phase de test est infinie, mais il en est une qui, par sa puissance modificatrice, va marquer les esprits et transformer radicalement notre mode de vie. Il s'agit de la création des « bâtiments intelligents ». Si l'on en croit Vincent Callebaut[7], architecte inspiré, il s'agit de faire le grand écart entre ce qui est hypertechnologique et ce qui est hypernaturel. Il a forgé le néologisme « archibiotique » pour désigner son concept. Avant, dit-il, lorsque l'on construisait un bâtiment, on se disait qu'il serait encore là des siècles

---

7. *100 innovations qui vont changer votre vie*, Dunod, 2015.

plus tard. Maintenant, on sait qu'un bâtiment a une durée de vie limitée. Selon lui, et l'école qu'il représente, il s'agit d'étudier les cycles des matériaux, des énergies, pour s'inscrire dans une logique de transition d'une économie linéaire vers une économie circulaire où les bâtiments sont produits, consommés, par les citadins, puis recyclés et recyclables à l'infini. Chaque bâtiment doit fonctionner comme un arbre habité, qui produit son énergie par photosynthèse, qui transforme ses déchets en énergie sur place, etc. On va ainsi abandonner la centralisation de la production d'énergie et chaque bâtiment deviendra une mini-centrale énergétique décentralisée et autonome. Cette modification radicale de l'habitat pourra également modifier notre façon d'être au monde. C'est ce dernier point qui est fondamental : notre façon d'être au monde.

Pour Dominique Rousseau[8], c'est en tant que collectivité humaine que les choses vont changer, sur le plan politique, sur l'art de « gouverner la cité », et sur la capacité des

8. *Libération*, janvier 2016.

peuples à coopérer loyalement. Il ne fait pas d'angélisme, mais pratique le simple bon sens en expliquant que la souveraineté économique ne veut plus rien dire quand les grands centres internationaux opèrent des transferts de technologie et que les produits ne sont plus fabriqués par et dans un seul pays, mais à partir de composants venant de tous les continents. Pour lui, un nouveau monde commence, fait du pluralisme des conceptions de vie, d'espaces post-nationaux de délibération, de revenus détachés de la force de travail, d'institutions mondiales de décision en matière de santé, d'environnement, de climat, d'alimentation... Comme toujours, « l'événement » a précédé les mentalités. La catastrophe de Tchernobyl a démontré que le concept de frontière ne voulait rien dire en termes écologiques, la crise financière systémique de 2008 a fait de même sur le plan économique.

Aujourd'hui, tous les événements majeurs, et particulièrement économiques, financiers et écologiques, ont un retentissement planétaire quasi instantané. Le monde qui finit avait pour principe la souveraineté ; le monde qui vient va s'appuyer sur la coopération loyale entre les peuples, parce que ceux-ci n'ont pas d'autres choix possibles que de renforcer leur collaboration dans tous les domaines. Libre à Badiou d'appeler « communisme » cette collaboration. En son temps, Schumpeter l'avait qualifiée de « socialisme totalitaire » ; dans tous les cas, le salut sera collectif ou ne sera pas. Voilà qui va rendre la vie des misanthropes encore plus difficile, d'autant que les déserts, jadis peuplés d'anachorètes, sont désormais assez mal fréquentés et ne peuvent en aucun cas servir de refuges.

Mais la joie de vivre est aussi, et peut-être avant tout, une question d'ordre personnel. Certains y sont plus naturellement portés que d'autres parce qu'ils bénéficient d'une prédisposition intime favorable à la bonne humeur. Ce sont de bonnes natures, enclines à l'optimisme. À cet égard, on ne peut pas considérer les conditions macro-économiques comme les seuls critères du bonheur humain, d'autant que celles-ci, comme on l'a vu, n'ont jamais été vraiment ni florissantes, ni stables, ou alors pendant de brèves périodes.

Pour Confucius, vous pouvez vous nourrir de gruau grossier, boire de l'eau claire, n'avoir que votre coude pour oreiller, et pourtant connaître la joie. C'était aussi le point de vue de Diogène, qui se trouvait très heureux dans son tonneau parce qu'il se sentait libre.

Il y a un mot-clef dans la langue française qui doit pouvoir nous éclairer sur ce qui pourrait favoriser la joie de vivre. C'est le mot *sens*. Celui-ci désigne à la fois la direction, la signification et la sensorialité. Autrement dit, on pourrait, en mettant dans l'ordre ces concepts, dire que nous retrouverons le sens par les sens. Il nous faudrait cultiver davantage notre sensualité (et ne pas la limiter à la sexualité), notre part animale, pour renforcer notre présence au monde. Allons voir les vaches à la campagne, allons nous rouler dans l'herbe en été, allons grimper aux arbres, nous baigner dans des torrents de montagne, marcher des heures, à se perdre, dans les forêts, nager dans la mer les soirs de pleine lune, c'est-à-dire choisissons de vivre en somme, de vivre pleinement, et délaissons nos appareils électroniques, levons les yeux de nos écrans, cessons de rester assis des heures devant des fictions télévisées, des écrans d'ordinateur, et allons avec confiance au-devant du monde réel. Après tout c'est ce que fit le prince Gautama lorsqu'il cessa sa longue méditation au pied de son arbre, c'est bien ce qui fit de lui « l'Éveillé », et cela même s'il fut frappé par la misère de la condition humaine. C'est comme cela, en allant dans le monde, qu'il devint le Bouddha.

Retrouver le sens de la vie par la sensualité constitue aussi une direction à prendre, une question de bon sens en somme. Écouter, voir, sentir, voilà ce qui devrait nous occuper vraiment, afin de retrouver ce pur bonheur d'exister que nous avons oublié, englués que nous sommes dans les mille et un problèmes d'intendance liés au travail, toujours décevant, au cœur délaissé, à l'amitié trahie, à la santé chancelante. Pour être dans la joie de vivre, pour la restaurer, il est nécessaire de s'affermir le caractère, apprenons à vivre en combattant et non en victime. Comme le dit le grand boxeur-philosophe Rocky Balboa : « Ce qui compte, ce n'est pas la force des coups que tu donnes, c'est le nombre de coups que tu encaisses tout en continuant d'avancer. » Nous devons une fois pour toutes admettre que la vie ne nous doit rien a priori et savoir que les plus grandes jouissances nous viennent des épreuves surmontées. Et si la vie est une épreuve, entraînons-nous à l'épreuve, vivons en athlète, prenons notre corps comme la base de tout ce qui fera de nous un homme ou une femme bien dans sa peau. Ainsi, les avanies de la vie se fracasseront sur l'acier de notre moral restauré. Il n'y a rien, à part la mort (et les impôts), qui ne puisse être surmonté si notre volonté de vivre pleinement est affirmée, chevillée en nous. Encore une fois, ce n'est pas le chemin qui est difficile, c'est la difficulté qui doit devenir notre chemin, la difficulté toujours vaincue par notre détermination et notre vitalité. À l'âge adulte, la joie de vivre est d'abord une affaire de volonté.

Que ce soit avec *l'élan vital* de Bergson, *la volonté de puissance* nietzschéenne, ou encore *le vouloir-vivre* de Schopenhauer, on sent bien que la joie de vivre a à voir avec la volonté, le jaillissement de l'être, l'affirmation de soi et le consentement à la vie. Pour les Français qui se complaisent dans la déprime, il serait temps de s'y mettre s'ils ne veulent pas tout simplement disparaître du paysage par asthénie collective.

Il y a deux attitudes face à la vie. Il y a les optimistes, ceux qui croient que l'avenir est porteur d'espérance et que les choses iront de mieux en mieux. Et il y a les pessimistes, qui pensent que l'on a atteint une limite et que nous allons vers une décadence globale. Pour les premiers, l'enthousiasme les porte, pour les seconds, le désabusement les soulage. Dans les deux cas, chacun fait ce qu'il peut avec les conditions d'existence auxquelles il a à faire face. Il ne s'agit pas tant de capacités intellectuelles, mais plutôt de tempérament. Car en fait, les optimistes, frappés par mille déconvenues, savent bien que l'avenir n'est pas un jardin de roses, et les pessimistes ne le sont pas tant que ça et guettent avec appétit toutes les mille et une petites choses agréables de la vie pour s'en repaître. Sans oublier les natures changeantes (mon genre) qui sont optimistes le matin et pessimistes le soir, et qui forment certainement les plus gros bataillons parmi les hommes.

Pour autant, n'est-il pas souhaitable de s'attarder un peu sur les conditions objectives auxquelles nous sommes exposés dans notre monde tel qu'il va ? Comment ne pas être frappé d'émerveillement face aux chutes d'Iguaçu, au cratère du Ngorongoro, aux volcans d'Hawaï, à la Grande Barrière de corail australienne, mais aussi, plus proches de nous, en France, par le massif alpin, les forêts de Sologne, les marais de la Brenne, les volcans d'Auvergne ou le bocage normand ?

Tel Cioran, j'ai eu la chance de parcourir le pays à vélo, de participer à des dizaines de courses cyclistes où j'ai pu ressentir des extases panthéistes en dévalant le Galibier ou en grimpant difficilement au sommet du Tourmalet, je suis allé partout, en Bretagne et en Provence, j'ai traversé les plateaux du Limousin, les paysages de Corrèze, les pays de la Loire, les forêts des Landes, partout j'y ai vu la beauté éclatante d'un monde encore intact. Partout, dans toutes ces régions, j'ai pu goûter la gastronomie locale, m'enivrer de vins de pays, manger de la fourme d'Ambert à Ambert, des chipirons à Saint-Jean-de-Luz, me régaler à Saint-Anthème *Aux copains*, savourer de la charcuterie corse en riant aux éclats sur l'île de Beauté, me délecter partout de l'incroyable variété des mets de ce pays de cocagne. Ainsi, pour Brillat-Savarin, la découverte d'un mets nouveau fait plus pour le bonheur du genre humain que la découverte d'une étoile. Voilà un esprit sensuellement pratique qui ne plaçait pas son bonheur dans un hypothétique idéal intellectuel mais plutôt dans ce qui lui faisait frissonner les papilles. Et c'est toujours avec une intense jubilation que je prends place autour de la table de mon ami François Cérésa, cuisinier hors pair, qui fut le seul particulier à réunir chez lui pour les faire festoyer trois chefs triplement étoilés, neuf étoiles à sa table ! Une constellation ! Chapeau l'artiste !

Et j'ai pu croiser les filles de France, et rester muet devant les mille sortilèges que la nature avait malicieusement placés en elles, les charmes tour à tour subtils ou puissants qu'elle leur avait prodigués. Ces filles de France qui nous assureraient, si l'on en croit l'Insee, une démographie vigoureuse. Et ces filles de France, elles n'étaient pas toutes blondes aux yeux bleus, elles étaient de toutes les couleurs, blanches, noires, jaunes, métissées, elles portaient les couleurs de leurs origines, celtiques, germaniques, provençales, berbères, antillaises, africaines, car telle est l'histoire de ce pays.

Pour ma part, au lycée d'Étampes, en 1967, j'avais trois copains, on formait une petite bande. Il y avait Robert Nguyen, ses parents tenaient *Le Dragon d'argent* à Montparnasse, avec lui j'ai appris à manger avec des baguettes, il y avait Théophile M'Ba, petit-fils du président du Gabon, c'était un sapeur, il m'a appris à m'habiller, et il y avait Pierre Viès, Juif pied-noir, fils de rapatriés, qui dansait comme un dieu, et qui m'a enseigné quelques pas qui firent merveille à Brighton, en 1968. Qu'est-ce que nous avons pu rire ensemble ! Que nous étions joyeux ! Qu'il était bleu le ciel ! Nous avions dix-sept ans et nous ne savions rien. Nous n'étions pas englués dans ces histoires de races, de religions, de communautarisme, comme aujourd'hui, nous avions la pétulance des jeunes chiots et l'avenir nous souriait.

Pour autant, le racisme aurait plutôt diminué dans ce pays. À l'époque, nous allions voir avec gravité *Devine qui vient dîner ?* avec Sydney Poitier dans le rôle du beau Noir bien habillé, amoureux et aimé d'une Blanche, et à peine toléré. Aujourd'hui on va rire et accorder un triomphe à une comédie légère et facétieuse intitulée *Qu'est-ce qu'on a fait au bon Dieu ?* et tout le monde peut parfaitement aller déguster après la séance une choucroute, un couscous, un canard laqué ou une bouillabaisse dans le restaurant de son choix. Il existe aujourd'hui une liberté d'être interraciale qui n'existait pas alors, et cela même si la menace terroriste pèse sur les esprits, qu'ils soient chrétiens, juifs, musulmans ou sans religion. Chez les moins de trente ans, la cohabitation aurait même tendance à aller de soi, ce qui n'était pas le cas dans les années 1960. Tous les Français applaudissent aux exploits de Teddy Riner ou de Tony Parker, et Jamel Debbouze a pris la succession de Louis de Funès sans que ça fasse des histoires.

Selon Renan[9], la nation est une idée et non un ensemble biologique homogène déterminé par l'origine. « Aucun citoyen français ne sait s'il est burgonde, alain, taïfale, wisigoth (...) Il n'y a pas en France dix familles qui puissent fournir la preuve d'une origine franque, et encore une telle preuve serait-elle essentiellement défectueuse, par suite de mille croisements inconnus qui peuvent déranger tous les systèmes des généalogistes. La vérité est qu'il n'y a pas de race pure et que faire reposer la politique sur l'analyse ethnographique, c'est la faire porter sur une chimère. Les plus nobles pays, l'Angleterre, la France, l'Italie, sont ceux où le sang est le plus mêlé. »

C'est toujours le cas aujourd'hui, et il n'est pas sûr qu'il faille s'en plaindre, si l'on prend

9. *Op.cit.*, voir note 3.

en compte les dernières avancées en matière de biologie moléculaire qui démontrent que le brassage génétique est favorable à la vigueur de l'espèce en stimulant le patrimoine immunitaire. Enfin, toutes les études archéologiques et anthropologiques récentes tendraient à démontrer que nous sommes tous issus d'un ancêtre commun du Rift africain. Bref, tous dans le même bateau depuis la nuit des temps, telle est la leçon de l'Histoire.

Les deux pulsions primitives qui mènent le monde depuis toujours sont la peur et le désir. Nous avons vécu les Trente Glorieuses sur le registre du désir, c'est pour cela qu'elles nous paraissent éclatantes. Depuis les années 1980, nous sommes progressivement passés sur le registre de la peur. La peur, c'est le climat dans lequel vivent beaucoup trop fréquemment les trentenaires. Ils n'ont connu que la crise : économique, financière, écologique, immobilière, et maintenant ils connaissent le terrorisme. Voici ce qu'en dit l'un des leurs, Michel B., avec une lucidité sans faille et une maturité déconcertante.

« Il ne s'agit pas là d'une peur liée uniquement au terrorisme, loin s'en faut, même si j'ai été très touché par les attentats de novembre. Comme beaucoup, j'aurais tout à fait pu être au Bataclan ce soir-là, car c'est un lieu que je fréquente trois à quatre fois par an et j'ai déjà assisté à un concert de Eagles of Death Metal. Je fréquente également parfois les bars et restaurants attaqués ce soir-là. Comme beaucoup, je connais au moins une personne qui a été touchée physiquement par ces attentats… Mais une fois l'émotion passée, je reste convaincu que j'ai plus de chance de me faire foudroyer que de succomber à une rafale de kalachnikov. Et je ne peux pas m'empêcher de trouver vraiment ridicule que l'on me demande d'ouvrir mon manteau et de montrer le contenu de mon sac à tout bout de champ. Parmi mon cercle d'amis, après les attentats, j'ai constaté un discours un peu mystifiant de "survivant"… Comme quoi il fallait profiter davantage de la vie, tout en faisant beaucoup plus attention. Que boire une bière sur une terrasse était devenu un acte de résistance (?!).

Personnellement, je pense que tout cela ne change rien. Je vais toujours aussi souvent (pas plus, pas moins) à des concerts ou boire des bières aux terrasses de café. Quand j'écris que cela ne change rien, c'est uniquement pour ce qui me concerne. Je suis effaré par les répercussions politiques et sociétales que ces attentats entraînent : la peur de l'autre, la volonté de se protéger, l'individualisme, le repli sur soi et sur les valeurs traditionnelles. Tout cela contribue à rendre les temps hostiles… »

Telle est la peur vécue par un trentenaire. Pour les générations précédentes, elle est d'une autre nature. En fait, nous avons peur de perdre les avantages que nous avons su conquérir par le passé. Un peu naïvement, nous pensions que l'Histoire serait linéaire, alors qu'elle est sinusoïdale. Nous pensions que nous irions toujours vers le mieux, que les esprits allaient s'affranchir des anciennes superstitions, que l'homme allait devenir un dieu sur la Terre, ayant aboli la maladie, la misère, la guerre et la bêtise. Et surtout, et c'est vrai en particulier pour les baby-boomers, nous pensions que nous allions faire reculer la mort, la faire reculer jusqu'à l'oublier.

Évidemment, on s'aperçoit avec embarras qu'il n'en est rien, la mort est toujours là à attendre son heure. Elle est la marque même de la vitalité de l'espèce. Il faut mourir pour laisser la place ; cette vieille idée philosophique, au cœur de la pensée antique, fait son retour sur la scène des idées. La destruction créatrice est à l'honneur, et le vieux monde n'en revient pas de devoir quitter les lieux en faisant la révérence. Ils n'en reviennent pas, ces jeunes gens des années 1950, de s'apercevoir qu'ils vieillissent, que leur pas se ralentit, que leurs lombaires les taraudent et que leur vision se brouille. On ne leur avait pas appris à savoir s'effacer. Ils regimbent, ils font la tête, ils trouvent que « tout fout le camp ! », que « c'est pas juste ! », « encore une minute monsieur le bourreau ! », s'écrient-ils. Ils ne veulent pas quitter la scène.

Le problème de cette génération d'après-guerre, qui réclame aujourd'hui à grands cris ses droits à la retraite, c'est qu'elle a vécu avec à l'esprit des idéaux et des utopies progressistes, tout en étant très attachée à son confort bourgeois. Les deux étant évidemment incompatibles, elle en est devenue aigrie et dépressive, comme tous ceux qui se sont trahis eux-mêmes.

Leurs aînés, qui avaient le sens du tragique parce qu'ils avaient vécu deux guerres épouvantables, qu'ils avaient éprouvé dans leur chair des conditions d'existence bien plus dures, issues du XIXe, n'étaient pas comme eux à ce point attachés à la vie. Ils avaient une spiritualité plus forte, une conscience de la fugacité des choses plus aiguë, et considéraient que la vie n'était pas nécessairement leur bien le plus précieux, mais que parfois le sens de la dignité, de l'honneur, de l'esprit de sacrifice, primait sur toute autre considération.

Pour un Céline, la vie pouvait même s'avérer être un fardeau, et il n'hésitait pas à s'écrier « c'est naître qu'il aurait pas fallu[10] ». Les hommes de son époque passaient leur temps à souffrir, les enfants d'après-guerre,

---

10. *Mort à crédit.*

eux, vécurent une des périodes de paix et de prospérité les plus longues qu'il ait été donné à l'homme de vivre sur cette planète. Ce fut miraculeux, et ça l'est encore, c'est cela qu'il faut retenir. Nous sommes toujours dans l'accomplissement de ce miracle et nous avons à ce titre le devoir d'être heureux, le devoir d'en être pleinement conscients, afin de le préserver pour le transmettre aux prochaines générations. Répétons-le, la joie de vivre est une question de conscience et de volonté.

Mais elle ne se décrète pas non plus. On ressent de la joie de vivre dès le départ, quand on n'a encore rien compris, que l'on est encore un jeune chiot, batifolant dans le pur bonheur d'exister. Et puis on la perd à l'âge adulte, on trouve la vie « compliquée », on s'emberlificote dans la complexité des relations humaines, on traîne des désirs contradictoires, on s'épuise à poursuivre des rêves impossibles, à courir après des positions, des titres, des honneurs qui la plupart du temps nous font peu d'effet une fois atteints. Le bonheur se dérobe, telle la ligne d'horizon il ne cesse de reculer au fur et à mesure que l'on croit s'en approcher. Il faut lire Marguerite Yourcenar, ses *Mémoires d'Hadrien*, il y a des lignes magistrales sur le sujet. Il arrive assez souvent que la réussite s'oppose à la joie de vivre. Les stoïciens eux aussi ont parfaitement développé le sujet (les *Lettres à Lucilius* de Sénèque, les écrits de Marc Aurèle, etc).

Et puis on peut la retrouver, cette joie de vivre, quand on a enfin compris, sur le tard, parce qu'on s'en fout un peu de la réussite sociale, que l'on a pris ses distances avec les aventures sentimentales débridées, et surtout, que l'on s'est mis à modérer ses appétits en toutes choses. Ce que l'on pourrait appeler une certaine « légèreté de l'être » nous porte alors à l'allégresse. Il existe, à l'usage des esprits forts, un dicton provocateur qui dit que « rien n'est grave, rien n'est important » pour nous faire prendre conscience que nous luttons la plupart du temps contre des fantômes, des chimères, des tigres de papier, qui ne sont importants qu'à nos yeux et nullement à ceux de notre voisin. Oui, rien n'est grave, rien n'est important, « au pire tu meurs ! » comme le disent en riant les moins de vingt-cinq ans. Ce grand philosophe joyeux, et expert en désespoir, qu'était Kierkegaard fut l'un des premiers à comprendre ce que la psychanalyse allait mettre en évidence ultérieurement, à savoir que les conditions de la jouissance consistent à ne pas aller au bout de ses possibilités. Car aller au bout de ses possibilités c'est supprimer non seulement la jouissance, mais aussi la vitalité, un peu comme une machine en surchauffe qui finit par exploser ou s'effondrer sur elle-même.

Ne pas aller au bout de ses possibilités, c'est faire la preuve d'une certaine décontraction, éviter la frénésie, entretenir une forme de nonchalance, et même de je-m'en-foutisme. Rêvasser ou bavarder à la terrasse d'un café parisien constitue sans doute l'une des façons les plus simples de pratiquer la joie de vivre. Surtout, ayons toujours à l'esprit que toute forme d'absolu tend vers la bêtise la plus sombre, que les fanatiques n'ont pas d'humour, et qu'aucun sceptique n'a jamais tué personne. Les plus dangereux sont les hommes de conviction, surtout ceux qui veulent faire votre bien. Ils ne reculent devant rien. Méfiez-vous des idéalistes qui prétendent aller « au bout de leurs rêves », le cauchemar n'est pas loin. Comme le disait Céline à propos des hommes, « il faut absolument les empêcher de se passionner ». Quand ils se passionnent, les hommes, ils innovent, ils inventent, ils découvrent, il y a une phase radieuse, mais ils ne savent pas s'arrêter à temps, c'est là le grand problème de l'humanité, le toujours plus. C'est le propre des entreprises humaines, elles atteignent toujours, tôt ou tard, leur seuil d'inversion, par excès, par cupidité, par arrogance. Elles pratiquent une forme de prédation accumulative, à la manière des banquiers de Wall Street, jamais rassasiés, ce qui aboutit à des crises systémiques qui nous laissent sur le flanc, comme en 2008 avec la crise des *subprimes*. L'homme est constamment confronté à l'*hubris*, il manque de modestie et de prudence. Son délire mégalomaniaque est ambivalent, il lui permet d'aller sur la Lune (fallait-il y aller ?) mais aussi de créer les conditions de l'enfer sur Terre.

Ne vaudrait-il pas mieux pour lui aujourd'hui se tenir un peu tranquille ? De toutes les façons, il se pourrait que nous n'ayons pas le choix. Pour Robert J. Gordon, économiste américain et théoricien de la stagnation séculaire, la croissance à deux chiffres, c'est fini, et pour longtemps, à cause de l'épuisement du progrès technique. Selon lui, la révolution numérique engendre moins de gains de productivité que la seconde révolution industrielle, au début du XXe siècle. Certes, Paypal et Uber créent des emplois. Mais beaucoup moins que l'invention de l'automobile[11]... En fait, nous serions entrés dans une nouvelle phase de stagnation séculaire. Faut-il s'en réjouir ou s'en inquiéter ?

La réponse est claire et parfaitement développée dans un film documentaire intitulé *Demain*[12] dans lequel on est frappé d'admiration par toutes les initiatives prises tout autour du monde par des citoyens ayant décidé de se prendre en main eux-mêmes et s'organisant en petites communautés efficaces, pour faire revivre les cultures

11. *Le Monde*, 22 février 2016.
12. De Mélanie Laurent et Cyril Dion, 2016.

vivrières, retendre les liens d'amitié et améliorer l'éducation dans des villages perdus, ou encore multiplier les énergies alternatives permettant de vivre sainement et de rester vivants dans la joie d'être ensemble. Edmund Burke avait en son temps compris le phénomène qui pouvait compromettre la vie des hommes : « Pour que le mal triomphe, il suffit que les honnêtes gens ne fassent rien. » À voir les hommes et les femmes qui se retroussent les manches dans *Demain*, on se dit aussi que lorsque les honnêtes gens prennent les choses en main, l'avenir redevient une option positive. « Tant que l'on peut donner, on ne peut pas mourir », c'est ainsi que pensait Baudelaire, telle est la solution, passer de la prise au don.

Et la joie de vivre nous sera donnée de surcroît parce que dès que l'on donne on se sent bien, on se sent mieux, on se sent vivre. L'homme est naturellement grégaire et empathique, c'est cette faculté particulière qu'il faut développer, c'est aussi le message du Christ « aimez-vous les uns les autres comme je vous ai aimés ». Si l'on veut sauver nos âmes et nos carcasses, il va falloir entendre le message, parce qu'il n'y aura pas de salut individuel, nous allons devoir réapprendre, si ce n'est à nous aimer les uns les autres, au moins à être solidaires dans l'adversité, pour qu'un avenir commun soit possible.

Et puis, il y a la musique. Un peu de vague à l'âme ? Écoutez « Le Barbier de Séville » de Rossini, l'enregistrement de 1958 avec Tito Gobbi et Maria Callas, et la joie de vivre reprendra ses aises dans votre esprit tourmenté parce que la gaieté du *Barbier* est irrésistible. Avec mon ami Alain Vandamme, nous nous sommes tellement réjouis avec le *Barbier* que nous avons fini par le connaître par cœur. Il nous permettait de rigoler sous la douche lors des coupures d'eau chaude à la campagne, en hiver. En plus guilleret encore, il y a le caracolant et très populaire « *Rondò Veneziano* », ou encore l'irrésistible « *Come* », de Jain.

Enfin, la poésie recèle aussi quelques sortilèges à même de remettre une âme en peine sur le chemin de l'allégresse. Ainsi, Gabriele d'Annunzio, s'adressant aux jeunes gens :

Chante la joie ! Je veux te couronner
de toutes les fleurs,
Pour que tu célèbres la joie, la joie, la joie,
Cette magnifique donatrice
Chante l'immense joie de vivre, d'être fort,
d'être jeune,
De mordre aux fruits terrestres avec de fortes
Et blanches dents voraces,
De porter ses mains audacieuses et cupides sur
Toutes les douces choses tangibles, de bander l'arc
Contre toutes les proies nouvelles
que guette le désir
Et d'écouter toutes les musiques, et de regarder
Avec des yeux de flamme la divine face du monde
Comme l'amant regarde l'aimée
Et d'adorer toutes les formes fugitives,
tous les contours
Évanescents, toutes les images éphémères,
Toutes les grâces fragiles, toutes les apparences
Qu'offre l'heure brève[13].

Que ce soit au Louvre, avec Pauline, à jubiler en chœur devant les petits tableaux de Waldmüller, ou avec André Matzneff à jeter nos verres de vodka derrière nos épaules au Nouvel An russe en entonnant des chants de la Légion, la pratique de la joie de vivre procède

13. *Chant nouveau*, 1882.

toujours de la grande loi des banquets : « bois ou va-t'en ! », et toujours, elle implique les autres. Il n'y a pas de joie de vivre solitaire, il peut y avoir de la sérénité dans la solitude, mais la joie de vivre est toujours liée à autrui, à l'amitié, à l'amour. L'amour, la seule force qui résiste à la mort et nous arrache à l'ennui.

Shakespeare disait que nous étions faits de l'étoffe dont sont faits les rêves et Platon a inventé le monde des idées. C'est de la sorte que nous parvenons à nous hisser au-dessus de notre condition animale. Et ces rêves et ces idées, qui nous portent et nous élèvent, ne doivent pas être refoulés, nous n'avons pas à en rougir. Accueillons avec joie toutes les romances. Sans la romance, la vie ne vaut pas la peine d'être vécue. Sans elle, nous serions réduits à pratiquer des amours de bêtes, à nous repaître de coïts furtifs, âpres et sans joie. Vivre, c'est aimer, c'est avoir toujours à l'esprit le souvenir immarcescible des verts paradis de nos amours enfantines, quand bien même serait-on devenu banquier d'affaires.

Le monde qui vient

« L'art de la prophétie
est extrêmement difficile, surtout
en ce qui concerne l'avenir. »

Mark Twain

Longtemps les bons citoyens écologistes se posèrent cette question taraudante : « Quel monde allons-nous laisser à nos enfants ? » Depuis, Jaime Semprun[14] a inversé la proposition : « À quels enfants allons-nous laisser le monde ? », telle est la question cruciale à laquelle il est urgent de répondre tant il semble que l'éducation des hommes de demain constitue la clé du problème.

Dans ce monde qui vient, il apparaît que le maillon faible aujourd'hui est l'homme mais que celui-ci est aussi à l'évidence la solution. Parmi les raisons d'espérer un avenir possible, et pourquoi pas meilleur que prévu, l'homme apparaît toujours au centre du dispositif, et il

---

14. *L'abîme se repeuple*, L'Encyclopédie des nuisances, 1997.

est peu probable que ce soit par la soudaine création d'un objet miraculeux ou d'une technique révolutionnaire que nous serons sauvés. Nous allons plutôt assister à une amélioration constante des techniques dans une multitude de domaines, améliorations à la fois modestes et décisives, mais il serait vain d'attendre la mise au point définitive de la pilule magique mettant fin de manière radicale et instantanée à un cancer déclaré. Parmi ces améliorations, la plus importante sera certainement le niveau de solidarité entre les hommes qui sera haussé d'un cran, et cela au détriment de l'ancienne loi concurrentielle, car la prise de conscience du peu de temps qu'il nous reste pour inverser les processus catastrophiques actuellement en cours de réalisation ne nous permettra plus de nous en remettre uniquement aux lois du marché – celles-ci ayant hélas démontré qu'elles étaient davantage soumises aux intérêts privés plutôt qu'au bien public.

Il n'y aura pas de grand soir des découvertes, de grandioses sauts technologiques, mais des progressions discrètes dans tous les secteurs touchant à la sécurité alimentaire, à la santé, aux transports, à l'aménagement des territoires, à la préservation de la biodiversité, à l'éducation et à l'habitat.

D'une manière générale, le monde qui vient sera essentiellement tourné vers le collectif et va réinventer l'art d'être ensemble – telle est sa mission – par l'apparition d'une efflorescence d'initiatives privées et collectives. Partout, de petites communautés vont décider de se prendre en main et vont développer leur autonomie, les fermes urbaines de Détroit en sont une parfaite illustration. Local et autonome, tels seront les deux objectifs prioritaires poursuivis ici et là de par le monde, avec un maître mot comme credo : la simplicité.

C'est sur ce principe de simplicité que repose « l'expérimentation territoriale » initiée par ATD Quart Monde, consistant à réaffecter des fonds d'aide sociale en subventions actives, permettant à des petites collectivités territoriales de résorber le chômage de longue durée. Ce type d'initiative fonctionne très bien si l'on en juge par son succès au Grand-Mauléon, dans les Deux-Sèvres. Ils sont des dizaines à avoir retrouvé un emploi d'intérêt général sur ce territoire auparavant sinistré, grâce à cette initiative simple et de bon sens.

Pour tenter de comprendre le monde qui vient, j'ai vu *Demain*, et je me suis plongé dans les articles prédictifs, les livres d'anticipation et j'ai aussi regardé attentivement les listes d'inventions à venir mises au point par de grands médias comme le *New York Times*, *Capital* ou Arte. Vous pourrez découvrir ci-après les quelques idées concrètes qui m'ont paru déterminantes pour notre avenir. Je n'ai pas non plus développé la galaxie Google, sa Singularity University, et son « homme augmenté ». La théorie transhumaniste me paraît profiter d'abord à une élite qui aura les moyens financiers lui permettant de jouer les apprentis sorciers et de s'offrir tous ces gadgets de haute technologie permettant de vivre très longtemps (d'après un des patrons de Google, l'homme qui vivra mille ans est probablement déjà né). Ce qui m'intéresse, c'est plutôt de savoir comment l'homme d'à côté, mon voisin, vous et moi, en somme la majorité des hommes, vont réussir à s'en sortir et à se forger un avenir vivable. Un avenir dans lequel la joie de vivre aura toute sa place.

La liste des innovations sélectionnées et présentées dans
« Le monde qui vient » *a été mise au point par Camille Ancel.*

La révolution douce de la permaculture

La permaculture est une science de conception des cultures, des lieux de vie et des systèmes agricoles recourant à des principes d'écologie et au savoir des sociétés traditionnelles pour reproduire la diversité, la stabilité et la résilience des écosystèmes naturels.

S'il vous arrive de vous promener en forêt, ou même de vous attarder sur les terrains vagues, en pleine ville, où la nature a repris ses droits, qu'observez-vous ? Y a-t-il uniquement des ronces ou uniquement des hêtres qui poussent ? Non : une multitude de spécimens végétaux qui grandissent en bonne intelligence. La monoculture est le fait de l'être humain. Et la permaculture nous pousse justement à revenir aux fondamentaux : à repartir de ce que nous observons dans la nature pour reproduire la combinaison intelligente des plantes.

Ayant pour principes clefs de valoriser la biodiversité de l'écosystème, la compréhension des cycles naturels (eau, soleil, vent) et de veiller à ce que chaque élément d'un terrain remplisse plusieurs fonctions (par exemple, animaux, lombriculture et compost peuvent tous trois constituer des apports pour fertiliser un sol), la permaculture est l'agriculture de demain, durable et raisonnée, elle permet d'enrichir le sol au lieu de l'épuiser. Un exemple de combinaison potagère intelligente ? Au lieu de faire pousser dans des travées séparées tomates, oignons, carottes et choux, mieux vaut les cultiver ensemble. La tomate repousse la piéride, nuisible du chou, et crée de l'ombre l'été. Le chou conserve l'humidité par son potentiel couvrant. La carotte repousse un nuisible de l'oignon tandis que l'oignon, lui, repousse la mouche de la carotte. Bref, cultivons notre jardin ! Le mot « paradis » vient du perse « *paridaida* » qui veut dire jardin, ce n'est pas par hasard.

Comme le rappelle Cyril Dion, qui est allé interviewer Perrine et Charles Hervé-Gruyer dans leur ferme du Bec-Hellouin pour mieux comprendre la permaculture : « Elle n'est pas à proprement parler un système agricole. Son objet est plus vaste. Elle consiste à construire des installations humaines durables et résilientes. Elle va donc pouvoir intégrer l'ensemble des bonnes pratiques de l'agriculture biologique et de l'agroécologie mais également les énergies renouvelables, l'écoconstruction… Ses applications sont multiples : villes (notamment les villes en transition), entreprises, économie, énergie… »

La société que nous connaissons est celle de la connexion virtuelle en particulier par Internet et les réseaux sociaux. Celle de demain pourrait inaugurer une connexion plus tangible, moins désincarnée. Le développement de l'esprit de la permaculture s'inscrit dans cet ordre d'idées.

(Sources : www.permaculture.fr, www.colibri-lemouvement.org, *Permaculture, guérir la Terre, nourrir les hommes*, Perrine et Charles Hervé-Gruyer, Actes Sud, 2014.)

Cultiver en hauteur

On estime qu'à partir de 2050, 6,4 milliards d'habitants résideront en milieu urbain, contre 3,3 milliards aujourd'hui. Même en anticipant certaines évolutions technologiques, l'agriculture telle que nous la connaissons aujourd'hui ne pourra pas répondre à la demande alimentaire : 80 % des surfaces arables du globe sont déjà en exploitation, et 15 % de ces sols ont même été épuisés (agriculture intensive, pollution, désertification). C'est pour faire face à ces exigences de demain qu'architectes, designers et ingénieurs agronomes allient leurs compétences pour inventer un type de ferme nouveau, au cœur des villes (ce qui, au passage, minimise l'énergie dépensée pour le transport des denrées des campagnes vers les villes) et à la verticale pour optimiser l'espace.

Si le concept de fermes verticales, aussi appelées « fermes gratte-ciel », a vu le jour à la fin du XXe siècle (Dickson Despommier, professeur de sciences environnementales et de microbiologie à l'université Columbia de New York, fut l'un des premiers à formaliser le concept en 1999), c'est bien le XXIe siècle qui pourrait les voir envahir les villes. La FAO (Food and Agriculture Organization) considère que cette recherche n'a rien d'utopique, au contraire, elle fait même de l'agriculture urbaine une des clefs de la survie alimentaire.

Avec les technologies disponibles à l'époque, Despommier affirmait qu'une ferme verticale de 30 étages, construite pour un montant de 84 millions de dollars (une somme à revoir à la hausse aujourd'hui), pourrait suffire à nourrir au bas mot 30 000 personnes, avec un rendement moyen cinq à six fois supérieur à l'agriculture traditionnelle – et jusqu'à trente fois pour la culture des fraises ! Imaginez cela combiné avec les principes de permaculture développés précédemment. De fait, tout ou presque pourrait être produit au sein de ces jardins du futur : fruits, légumes, céréales, mais aussi porcs, volailles, bétail, poissons. Les modes de cultures hors-sol (de type hydroponique ou aéroponique), déjà à l'œuvre dans de nombreuses serres à travers le monde, permettront d'optimiser l'utilisation de l'espace. Fonctionnant en circuit fermé et au moins partiellement autonomes en énergie, elles utiliseront en outre une quantité d'eau extrêmement réduite. Pour ce qui est de l'esthétique, allez voir sur Internet les images de ces grands immeubles de verre, sortes de mille-feuilles édéniques.

En France, Romainville sera sans doute pionnière dans le secteur de l'agriculture verticale. L'ancien jardin vivrier de Paris projette en effet la construction d'une tour maraîchère, et pourrait se spécialiser dans la culture hors-sol. La production annuelle avoisinerait les 16 tonnes par an, ce qui équivaut à la consommation en fruits et légumes de 200 personnes.

On comprend que ses promoteurs n'y voient que des avantages. La ferme verticale permettrait une production en continu, soulagerait des terres arables de cultures intensives, minimiserait le temps de stockage et de transport. Et pour aller plus loin dans le retour au jardin d'Éden, certaines agences imaginent une tour vivante, qui combine étages dédiés aux cultures et étages d'habitation. Bientôt, nous descendrons au cinquième voir si les aubergines ont atteint la taille idéale ?

(Sources : *Capital* n° 290, www.lejournaldunet.com)

La voiture à hydrogène et l'autoroute automatique

La voiture automatique possède déjà sa page Wikipédia. Issue de la robotique automobile, elle est définie comme un véhicule « capable de rouler en automatique et en toute autonomie dans le trafic réel et sur une infrastructure non spécifique sans l'intervention d'un être humain ». L'étape suivante, c'est bien sûr l'autoroute automatique. La voiture est guidée soit par guide optique, soit grâce à un boîtier électronique installé dans la voiture. Le véhicule gère lui-même sa vitesse, calcule les distances et évite les obstacles. Ensuite, à nous d'imaginer quoi faire de ce temps libre quand nous n'aurons pas besoin de tenir le volant tout en étant sur la route, pour nous rendre à notre travail : faire le charmant avec sa passagère, réécouter l'intégrale des Rolling Stones, les deux mains libres pour imiter Charlie Watts sans danger, ou même rester pendu à notre portable sans nous faire tomber dessus par un mouflet vigilant parce que « ça se fait trop pas » de conduire en téléphonant.

Pour un brin de sophistication, intéressons-nous maintenant à l'intérieur de cette voiture – pas seulement à la bande-son de votre choix. Une fonction que développent les chercheurs du Center for Automotive Medicine de l'université du Michigan est celle permettant, en cas d'accident, non seulement de demander de l'aide (grâce au e-call) mais aussi de mesurer la probabilité d'hémorragie interne ou de traumatisme crânien.

Mais n'oublions pas que le but de la voiture autonome, comme celui de l'autoroute automatique, est justement de minimiser les risques d'accidents ainsi que d'optimiser le trafic et de diminuer drastiquement notre consommation d'essence.

Concernant ce dernier point, la perspective à long terme est évidemment de trouver une alternative à la voiture à essence. Si la voiture électrique est encore loin de pouvoir la remplacer complètement, faute d'autonomie suffisante, le carburant du futur pourrait être l'hydrogène. La voiture de demain serait toujours dotée d'un moteur électrique, mais alimenté par une pile à combustion. Plusieurs problèmes restent néanmoins à résoudre et en particulier la production en grande quantité d'hydrogène, qui n'est pour l'instant possible qu'à partir d'énergie fossile.

(Sources : www.lejournaldunet.com, *Capital* n° 290)

Un tramway en lévitation

Imaginé par la NASA, le skyTran pourrait bientôt redessiner le paysage de nos villes (à commencer par l'Inde, Israël et la France).

Ce tramway au design futuriste, à mi-chemin entre les « œufs » des stations de ski et les voitures de *Minority Report*, composé de petites navettes, acheminerait ses voyageurs sur un monorail grâce à la sustentation magnétique. Sa vitesse dépasserait largement celle des tramways que nous connaissons et pourrait atteindre à terme les 240 km/h.

Mais là n'est pas la plus grande qualité de ce moyen de transport séduisant. Son atout majeur est le désencombrement des rues : comme le résument les concepteurs du skyTran, il pourrait révolutionner les transports en commun en constituant une alternative à la fois rapide, peu coûteuse, verte, en altitude, et personnalisée. En effet, mieux encore que de consulter les horaires du prochain bus 26, nous pourrions même réserver notre place dans ce tramway volant grâce à une application smartphone.

(Sources : www.skytran.com, Futurmag/Arte)

Nos RTT dans les étoiles

Est-ce seulement un paradoxe, ou le simple signe que notre joie de vivre n'est pas – toujours – entamée ? Nous avons beau savoir qu'un travail colossal nous attend sur la Terre, « la conquête de l'espace » continue de nous fasciner. Pour preuve, l'idée de StarTram.

Si le train à sustentation magnétique a déjà fait ses preuves, l'étape suivante serait de lui faire parcourir des distances dans l'espace. Imaginez une navette à sustentation magnétique qui pourrait propulser des objets en orbite. Trois ingénieurs américains sont à l'origine de ce projet. À la différence des systèmes de lancement classiques dans l'aérospatiale, cette capsule éviterait toute forme de pollution grâce à l'énergie électromagnétique. Quant au coût de fabrication, il serait beaucoup moins important que celui engagé pour construire une fusée, par exemple. Propulsé à 9 km/s dans un tunnel de lancement de 1 600 km, le StarTram aurait vocation à transporter du matériel dans l'espace, puis des passagers.

De l'avis des trois concepteurs, des ingénieurs enthousiastes et loin d'avoir la tête dans les nuages, les avantages seraient multiples : protéger la Terre contre les astéroïdes, collecter de l'énergie solaire, et pourquoi pas développer le tourisme spatial (ce qui serait une bonne solution pour satelliser les touristes et s'en débarrasser au sol, le tourisme, à l'instar de la finance, deviendrait off shore).

(Sources : www.skytran.com, Futurmag/Arte)

Puiser l'énergie du Soleil dans l'espace

Dans l'espace, le rayonnement solaire est huit à dix fois plus important que sur Terre. Là-haut, pas de nuit, et le rayonnement n'est occulté ni par l'atmosphère, ni par les nuages et garantit un ensoleillement constant. D'où l'idée de déployer des panneaux solaires dans l'espace. L'énergie générée serait transformée en faisceau laser ou micro-ondes pour être acheminée vers la Terre, où elle serait captée par une antenne parabolique. Si l'énergie du Soleil était exploitée directement dans l'espace, la Terre entière pourrait être fournie en électricité propre.

Souvenons-nous du 11 mars 2011, quand l'accident de la centrale nucléaire de Fukushima, au Japon, provoquait un profond traumatisme dans l'archipel. Encore une catastrophe qui explique pourquoi l'activité nucléaire effraye. Dans un pays comme le Japon, dépourvu de gaz et de pétrole, des ingénieurs en aérospatiale travaillent à fabriquer une centrale électrique dans l'espace qui récupérerait l'énergie solaire avant de la transmettre vers la Terre.

Cette centrale solaire orbitale (CSO) pourrait voir le jour vers 2030. En 1968, un ingénieur américain, Peter Glaser, avait déjà imaginé capter l'énergie du Soleil à sa source. Conscient des réserves limitées de la Terre en pétrole et en gaz, il avait proposé de lancer en orbite un immense satellite muni de panneaux photovoltaïques, qui convertiraient le rayonnement solaire en électricité.

(Source : www.journaldunet.fr)

Un éclairage inspiré

L'éclairage public représenterait 8 % de la consommation électrique mondiale. Déjà, en 2010, des étudiants de l'université de Cambridge (Royaume-Uni) avaient imaginé le remplacement des lampadaires par des arbres lumineux. L'équipe avait réussi à mettre au point un procédé permettant de transférer des informations de type bioluminescence – la production et l'émission de lumière par un organisme vivant – à d'autres espèces, en vue de créer ultérieurement des arbres phosphorescents. Ils estimaient qu'un arbre bioluminescent n'aurait besoin que de 0,02 % de l'énergie qu'il absorbe pour produire une lumière suffisante pour éclairer un coin de rue.

Cette innovation, récompensée à l'époque par le premier prix de la compétition IGEM 2010 (qui promeut les meilleures innovations en génie génétique), revient sur le devant de la scène avec l'idée de jeunes scientifiques du laboratoire californien Glowing Plant Project de produire des arbres fluorescents capables de nous éclairer la nuit.

Puisqu'il existe dans la nature des êtres vivants naturellement phosphorescents (comme les méduses et les lucioles), l'idée est venue de les utiliser afin d'illuminer les rues sans que cela ne rejette du dioxyde de carbone, sans consommer d'énormes quantités d'énergie et tout en bénéficiant de l'autonomie des plantes. Les chercheurs ont réussi à isoler le gène phosphorescent de la luciole et à l'insérer dans l'ADN d'un plant de moutarde, ce n'est qu'un début. Ils espèrent à terme modifier des graines afin qu'elles puissent germer et donner naissance à des plants phosphorescents.

Nous pourrions imaginer les grandes avenues de nos villes éclairées le soir non par des lampadaires, mais par des espèces végétales lumineuses, de quoi aussi (re-)verdir nos espaces urbains.

(Source : www.ressourcesetenvironnement.com)

En finir avec l'emballage

Nous le savons, la réduction des déchets est un défi pour l'avenir. En moyenne, une famille de quatre personnes rejette aujourd'hui 156 sacs de 35 litres par an. Et il va falloir que cela change. Vite. Les pistes que l'on évoque pour réduire drastiquement la production de déchets sont la réduction du gaspillage alimentaire, l'interdiction des sacs plastiques, le recyclage à 100 % des dosettes de café, le contrôle plus sévère des trieurs imparfaits que nous sommes et la mise en place de lourdes amendes en cas de mauvais triage.

Et puis il y a ceux qui, comme David Edward, bio-ingénieur à Harvard, pensent que si, entre les cartons de jus de fruits, les bouteilles d'eau et les pots de yaourt, le nombre d'emballages qui passent chaque jour à la poubelle est impressionnant. C'est vers cela qu'il faut cibler son attention. C'est pourquoi il a développé des moyens de convertir les emballages en produits comestibles. Bientôt nous pourrons au pire avaler notre bouteille de vin, ou bien plus probablement, nous la jetterons comme une simple épluchure de pomme, parce que l'emballage sera biodégradable.

(Sources : www.slate.fr, *New York Times,* Futurmag/Arte)

L'arrosage en billes

Si nous avons conscience que l'eau est une denrée de plus en plus rare, nous continuons pourtant de la gaspiller largement. Le premier secteur responsable est l'agriculture. mais cela résulte bien sûr de notre façon même de concevoir l'agriculture. Le but devient alors, pour demain, de nous doter d'outils performants autorisant une meilleure gestion de l'eau pour les plantations.

Pour lutter contre le fait que 90 % de l'eau utilisée pour arroser les plantes part directement dans le sol sans être absorbée, des entrepreneurs ont donc inventé une façon de retenir l'eau à la racine : des hydrorétenteurs. Ces granulés fonctionnent comme des garde-manger pour les plantes et sont riches en éléments nutritifs. En les utilisant à large échelle, on pourrait obtenir des récoltes plus fertiles et de meilleure qualité, et instaurer un arrosage qui ne soit plus synonyme de gaspillage.

(Source : www.courantpositif.fr)

La santé portable

Quand on se penche sur les avancées futures de la médecine, promises, attendues, espérées, on observe qu'un des points communs à ces évolutions est qu'elles s'inscrivent dans une perspective de santé connectée. Il semblerait que les smartphones soient l'outil de prédilection pour servir par exemple à nos médecins traitants de base pour l'établissement des diagnostics. Connectés en permanence à Internet et donc potentiellement à des bases de données médicales, nos téléphones prendront le relais des actuels carnets de santé déjà vintages.

Le smartphone et Internet comme acteurs essentiels de la santé de demain permettront aussi de dessiner un nouveau rapport entre le médecin et le patient. Votre grand-mère considère le médecin comme un être à part. Un cran au-dessus des autres. De lui, elle peut tout entendre, tout accepter. Sans répondre. La parole divine n'a pas moins de poids. Demain, nous serons tous acteurs de nos maux et dans un rapport d'égalité et d'échange accru avec nos médecins. Nous rechercherons des informations, discuterons pour identifier le bon traitement et partagerons et échangerons des données personnelles grâce à la connectivité évoquée. Et nous nous souviendrons peut-être en riant de ces débuts où, tapant le nom de maladies dans Google, nous devenions hypocondriaques, seuls face à ces images d'apocalypse, et nous demandions si nous n'étions pas atteints de la gale ou d'hypertrichose.

(Sources : Futurmag/Arte, lasantedemain.com)

Votre ordinateur prendra soin de vous

Nous sommes nombreux à être familiers des TMS (ou troubles musculo-squelettiques) au travail, particulièrement ceux qui passent des heures assis devant un écran. Si lorsque vous travaillez sur un ordinateur, vous avez mal au dos, un moniteur directement installé dans votre écran vous aidera à vous tenir plus droit ou à adopter une position plus confortable et plus pratique à la fois. Il vous indiquera par exemple si vous êtes trop près de l'écran, ou si votre cou est trop incliné. Grâce à des capteurs et à des algorithmes, il pourra même vous dire quand il faut faire une pause.

Voilà l'exemple typique d'une invention qui semble de petite ampleur, mais qui pourrait, en réalité, changer en profondeur le quotidien de nombreux salariés qui passent des heures et des heures le corps plié en deux face à leurs écrans informatiques.

(Sources : www.slate.fr, *New York Times*)

Des implants pour aider à lutter contre les tumeurs

Le changement de traitement pour les personnes atteintes de cancer est une étape souvent obligée, aussi harassante moralement que physiquement. Pour éviter d'osciller d'une cure à l'autre, les chercheurs du MIT (Massachussets Institute of Technology) développent un implant qui permet de tester, au cœur même de la tumeur, les médicaments anticancéreux.

La méthode consiste à implanter une sorte de conteneur miniature contenant des quantités infimes de médicaments différents. Ensuite, cet implant permet d'analyser la manière dont la tumeur réagit à chaque médicament. Le choix du bon traitement serait ainsi beaucoup plus facile à identifier, sans épuiser le patient à chaque stade du traitement.

(Sources : Futurmag/Arte, lasantedemain.com)

Utiliser le cloud dans les hôpitaux

On nous le répète, et à raison, « l'erreur est humaine ». Parfois, les tentatives de progrès visent surtout à intégrer cette donnée dans nos pratiques quotidiennes. Justement, dans les hôpitaux, pour éviter qu'un dossier ne soit confondu avec un autre, ou qu'un traitement soit délivré deux fois ou oublié, les recherches s'inspirent de la restauration.

En effet, dans les restaurants, vous avez déjà pu observer que certains serveurs s'aident de tablettes pour gérer et enregistrer les commandes. L'entreprise Ambient Clinical Analytics propose aujourd'hui un dispositif similaire, mais adapté au milieu hospitalier. Les systèmes du type AWARE et Mayo Clinic YES Board permettront de centraliser les informations sur tous les patients d'un service et même de surveiller l'état de santé de certains, organe par organe.

(Sources : Futurmag/Arte, lasantedemain.com)

Des prothèses pleines de sens

Les prothèses qui remplacent un organe malade ou absent font l'objet de recherches particulièrement fructueuses. Jusque très récemment, elles n'étaient encore que de pâles copies du membre perdu, ne remplissant que des fonctions sommaires. Grâce aux progrès de la modélisation médicale et de l'électromécanique, les prothèses bioniques ouvrent des perspectives révolutionnaires dans le traitement du handicap. Les plus spectaculaires ? Les prothèses connectées au cerveau par le biais d'électrodes placées au niveau des terminaisons nerveuses du membre disparu. Elles permettent d'actionner une main, par exemple, par la simple force du cerveau.

Dans le futur, on peut espérer que ces prothèses, encore très chères, se démocratiseront grâce à l'*open source* et à l'impression 3D.

Concernant leur difficulté d'acceptation, la société anglaise Open Bionics s'est associée à Disney pour imaginer des prothèses bon marché et surtout plus aisées à adopter par les enfants parce qu'elles imitent le design de la main d'un super-héros, comme Iron Man, ou d'un héros intergalactique comme Luke Skywalker. Une façon originale et altruiste d'associer cinéma et soins.

(Sources : Futurmag/Arte, lasantedemain.com)

Un béton magique

Le coût de la corrosion des infrastructures en béton se chiffre en milliards rien que pour les États-Unis (imaginez au niveau mondial…). Et cette somme ne prend pas en compte les conséquences des travaux, qui occasionnent bien sûr des embouteillages, en plus de générer des tensions. Or, une équipe d'universitaires des Pays-Bas planche sur un nouveau béton qui comblerait lui-même les fissures en y ajoutant simplement de l'eau. Le principe consiste à renforcer la structure du béton en y intégrant des bactéries ultra-résistantes qui, en réagissant avec le dioxyde de carbone, formeraient une couche de carbonate de calcium.

Imaginez les possibilités qu'offrirait un tel matériau : colmater les fissures dans les infrastructures, non seulement dans les ponts, mais pourquoi pas aussi dans les immeubles.

(Source : www.lejournaldunet.fr)

Un aspirateur à pollution

Dans un parc de Rotterdam, les habitants qui se promènent ou s'installent confortablement pour un pique-nique partagent leur pelouse avec un étrange habitant, argenté et haut de sept mètres : Smog Free Tower. La création de Daan Roosegaarde est une tour au design sobre et discret, conçue pour lutter contre la pollution urbaine en faisant mieux que balais et aspirateurs réunis. Ce Néerlandais la surnomme « le plus grand purificateur du monde ». Elle devrait permettre à la population de mieux respirer et servir dans de nombreuses grandes villes souffrant de la pollution, Rotterdam n'étant qu'un point de départ. Fonctionnant comme un ioniseur d'air géant, la structure utilise un courant pour diffuser des ions chargés positivement dans l'air.

Ces ions vont se fixer sur les particules fines volatiles avant d'être aspirés par la tour grâce à des capteurs intégrés. L'air pollué est alors collecté puis compressé, tandis que l'air pur (purifié à 75 %) est redistribué dans l'environnement. Le modèle imaginé initialement est capable de purifier 30 000 mètres cubes d'air à l'heure.

(Source : www.parismatch.com)

Passerelles et ponts verts

Avez-vous en tête le Ponte Vecchio, qui permet de franchir l'Arno, à Florence ? Construit au XIVe siècle, il est sans doute le pont habitable le plus pittoresque et célèbre de la planète et il pourrait bien inspirer une série de ponts du futur. Autrefois, des ponts au-dessus de la Seine abritaient également des échoppes et des habitations.

Ce modèle architectural s'apprête à revivre dans nos mégalopoles. Il offre une solution idéale, comme le tram suspendu évoqué précédemment, pour désencombrer l'espace urbain, ajouter une respiration verte dans la ville et créer de nouveaux espaces de rencontres. Les architectes imaginent des structures autosuffisantes en énergie, qui ne soient plus simplement des lieux de passage, mais des lieux de vie. Des projets sont en cours pour la Chine, la Corée et l'Angleterre.

Allez voir les magnifiques plans de l'anglais Laurie Chetwood, qui imagine faire pâlir de jalousie le London Bridge en lui construisant un voisin dont le design rappelle une toile d'araignée croisée avec un tipi, le tout enrichi de plantations.

(Source : *Le Figaro Magazine*, n° 22235)

Éduquer autrement

Dans le film *Demain*, une classe d'écoliers finlandais offre un exemple assez époustouflant de ce que pourrait être, et pas seulement dans les pays nordiques, l'éducation des générations futures. Apprendre à apprendre, enseigner sans être détenteur d'une méthode magique pour inculquer la même chose de la même façon à tous. Permettre aux enfants de s'initier à des activités intellectuelles mais aussi manuelles, de développer, comme l'aurait dit Pascal, l'esprit de finesse et de géométrie, en combinant apprentissage logique, intellectuel mais aussi pratique, concret. C'est déjà ce que prônent les écoles de type Steiner ou Montessori, on peut espérer que leur vision de l'éducation soit partagée demain par le système scolaire public. Éduquer des êtres humains à la réalité des phénomènes qu'ils vont rencontrer, sans les immerger dans la seule abstraction des connaissances théoriques, est une des clefs de la réussite. Préparer des hommes à la vraie vie, tel doit devenir le rôle de l'éducation.

L'avenir des cellules souches

Depuis plusieurs années, les cellules souches, et en particulier les cellules souches humaines, sont au cœur d'études menées par des scientifiques, dont le but serait de régénérer des tissus, voire de créer de toutes pièces des tissus et des organes. Ces cellules sont souvent considérées comme un Graal pour la médecine. Une cellule-souche est une cellule capable de se renouveler et de donner naissance à plusieurs types cellulaires — une capacité technique à l'origine de la thérapie cellulaire. Si la thérapie cellulaire intervient notamment dans la greffe de peau, et la greffe de moelle osseuse, elle pourrait aussi corriger des déficits immunitaires et soigner des maladies génétiques rares. Il existe des cellules souches chez l'adulte. Elles peuvent être prélevées directement sur le malade, avant d'être cultivées puis réinjectées. Il n'y a pas de risque de rejet et ces cellules ne posent pas de problème sur le plan éthique. L'inconvénient est qu'elles ont une capacité de différenciation limitée, contrairement aux cellules souches prélevées sur les embryons. Celles-ci pourront se différencier en globules rouges, globules blancs et en plaquettes mais aussi en cellule cardiaque ou neuronale, par exemple : une propriété unique et qui ouvre de multiples horizons. Évidemment, la recherche sur des embryons, très encadrée, soulève des questions d'ordre éthique, dans la mesure où certains considèrent qu'un embryon de quelques cellules est déjà un être vivant et qu'il n'est pas tolérable de le manipuler. Mais la découverte de la possibilité d'utiliser d'autres sources, comme les cellules du sang de cordon ombilical ou les cellules souches du tissu adipeux, donne une nouvelle direction enthousiasmante pour la thérapie cellulaire. Avec les cellules souches, nous sommes au seuil d'une révolution médicale majeure.

(Source : sciencesetavenir.fr)

La banque des graines

Notre patrimoine culturel est loin d'être le seul à devoir être préservé. Il y a d'abord et avant tout le patrimoine agricole. Et si toutes les espèces végétales qui nous entourent pouvaient être conservées sous forme de graines, dans une sorte d'immense banque de la biodiversité ? C'est le pari fou de la Réserve mondiale de semences du Svalbard, dans l'archipel norvégien du même nom. Inaugurée en 2008, elle a pour objectif premier la sauvegarde de la biodiversité face aux catastrophes naturelles et au changement climatique.

À un millier de kilomètres du pôle Nord, cette sorte de gigantesque chambre froide parfois surnommée « chambre forte du Jugement dernier » ou encore « Arche de Noé », abrite, au cœur de la montagne, des millions de graines venues du monde entier. Plus nombreux seront les pays participants, plus la banque de graines s'enrichira et reflétera au mieux la biodiversité terrestre. Un conseil international supervise le projet, comptant parmi ses membres des représentants de la FAO. Cette initiative scandinave est certainement aujourd'hui l'une des mesures phares concernant l'avenir de l'humanité à court terme.

(Source : lefigaro.fr)

Encore une fois, il convient de rappeler qu'il nous est impossible de prévoir laquelle de ces innovations transformera en profondeur notre quotidien. Si le *think tank* de Bill Clinton est passé à côté d'Internet en 1992, nous n'aurons pas la prétention de prévoir l'avenir à l'aune des inventions plus ou moins révolutionnaires que l'on vient d'évoquer.

La liste qui précède, et nous en sommes conscient, a des allures de *Tout l'Univers* version 2016. Mais, outre le fait que la joie de vivre ne va pas sans une bonne dose de rêve et de pari sur l'avenir, nous pourrions avancer, sans nous départir de notre principe de prudence, que des formes de révolutions douces telles que la permaculture, ou les jardins sur les toits, annoncent un message clair.

Le *monde qui vient* aura pour facteurs déterminants des mesures simples, concrètes, quasi élémentaires, des mesures à la fois privées et collectives. Les idées naissent chez un individu qui, au lieu de mener à bien son entreprise dans son coin, discute, partage, associe d'autres personnes à son projet. De l'esprit *do-it-yourself* au *penser local*, en passant par les associations de quartier qui réfléchissent à notre présent pour mieux préparer le futur, l'amélioration des conditions de vie au niveau planétaire passera par de petits groupes motivés, et ce sont des citoyens comme vous et moi, et pas seulement les gouvernements, qui prendront les choses en main.

Certes, concernant certaines avancées auxquelles nous ne pouvons nous soustraire pour améliorer notre sort (à court terme), et celui de nos enfants (à long terme), et notamment dans le domaine de l'environnement immédiat, les États doivent agir. Des sanctions, pour employer un mot fâcheux, seront sans doute mises en place prochainement pour que nous prenions conscience que le recyclage est un devoir et non une simple option. Oui, nous pouvons parier que de lourdes amendes seront réclamées à quiconque prétendra avoir mal visé et jeté sa bouteille de blonde accidentellement avec les capsules de café. C'est déjà le cas en Suisse, pays très tatillon sur le traitement et le recyclage des déchets. (À ce sujet, allez voir du côté d'Helvetia Environnement et des trois types de valorisation mis en place dans ce pays pour recycler les déchets : « valorisation énergétique », « valorisation biologique » et « valorisation-matière »).

Mais gageons aussi – et sans doute est-ce notre *élan vital* qui s'exprime ainsi – que ce sont les mêmes citoyens qui seront à l'origine d'idées ingénieuses pour se réapproprier des espaces verts, recréer des relations humaines heureuses en cultivant des légumes en centre-ville, dans des espaces laissés à l'abandon, sur des plates-bandes jusqu'ici réservées aux mégots de cigarette et aux promenades canines, à l'image des nombreux jardins solidaires d'Île-de-France, initiés par les habitants et soutenus par les villes. Comme le jardin situé avenue

Georges-Clemenceau, à Nanterre, dans le 92 : 250 m² de plantations, fleurs, fruits et légumes, entretenus par une quinzaine de locataires de la cité HLM voisine, et qui, en 2011, a reçu une aide de la ville, puis suscité des vocations dans d'autres départements.

En matière d'éducation, il nous faudra sans doute, là aussi, passer par des paroles et des actes simples, pour former des citoyens plus responsables, plus sensibles au respect de l'environnement, sans pour autant les plomber avec des propos perpétuels sur la crise, ou les sempiternels « c'était mieux avant », dont la lecture de ce petit traité aura peut-être permis de comprendre la vacuité.

Au quotidien, transformer nos vies peut passer par des décisions claires et fermement appliquées. Prenons l'exemple de Copenhague où un tiers de la population pédale entre domicile et bureau. En choisissant le vélo plutôt que la voiture, chacun réduit sa consommation d'énergie, contribue à faire baisser le taux de pollution de la ville et bouleverse son mode de vie. La ville a pris des mesures efficaces pour favoriser le développement de la circulation à vélo. La première ? S'équiper de 350 km de pistes cyclables surélevées, distinctes de la route et sécurisées. Et les habitants ont suivi et pour ainsi dire, joué le jeu. À Copenhague, il n'est pas rare d'observer une jeune femme en tailleur et talons aiguilles pédalant avec vigueur jusqu'à son bureau, un collègue en costume-cravate s'essoufflant à la rejoindre, cent mètres derrière.

Et si *le monde qui vient* se résumait à ça ? Respecter son entourage, sa ville, la nature ; créer des relations humaines par le biais d'initiatives collectives intelligentes ; reconsidérer, grâce à des consignes dictées par le bon sens, notre vie de tous les jours ? Enfourcher une bicyclette pour rejoindre un travail dont on sait qu'il n'est pas le tout de notre vie, que notre existence va plus loin que l'horizon de notre Mac, qu'elle est tout entière connectée, non pas à une *box*, mais à ce et ceux qui nous entourent, c'est-à-dire à la vraie vie ?

Ainsi, ensemble, nous pourrons réussir le pari d'un avenir vivable, et pourquoi pas, agréable, parce que l'union fait la force, et qu'elle crée les conditions du salut ; telle est la vieille règle des sociétés humaines, dont le destin sera commun, ou ne sera pas.

Impression réalisée par Corlet Imprimeur
pour le compte de l'Éditeur en mars 2016

ISBN : 978-2-36201-105-4
Dépôt légal : mai 2016
Numéro d'imprimeur : 180822
Imprimé en France